图解 **精益制造**_045_

零件减半

部品半減—これならできる「究極のコスト革命」

[日] 三木博幸 著

刘晓燕 译

人民东方出版传媒
People's Oriental Publishing & Media

东方出版社
The Oriental Press

目录

第 2 章　创造成本的技术和智慧

第 3 章　技术指导的巨大作用

第 4 章　全日本的现场都是"宝库"

第 5 章　可降低成本的图纸的绘制方法

第 6 章　"零件减半、成本减半" 20 实例

第 7 章　成本开发与价值创造

第 8 章　专利与开发人员的积极性

卷首语

2011 年伊始，我在报纸上看到了这样的言论：

"减少零件数量制造出的产品，既可以降低成本，又可以提高产品的信誉度。"

"产品的利润在开发阶段就已经被决定，不会在生产阶段产生。"（2011 年 1 月 12 日日本经济新闻）

这些言论来源于发那科公司创始人兼名誉会长稻叶清右卫门先生。在作为工作机械大脑的数控装置领域，发那科公司占据了世界市场份额的六成左右。

上述言论与我在三年前出版的拙著《成本下降、质量提高》中的想法可谓是不谋而合。该报道的标题《研发决定一切》，即贯穿发那科生产全过程的基本理念，我也感同身受。

目前，在日本，特别是制造企业的现场，每每提到降低成本总会给人非常消极的印象。究其原因，降低成本就是缩减以人工费为主的各种经费，就是裁员，在固定观念里实际上就是要削减现有的企业。

但是，从我的观点来看，却与此完全不同，"只要降低成本，就可以提高产品品质"。简单理解就是，从产品开发的阶段开始，通过严格执行减少浪费的从简原则，来提升产品品质，提高产品利润。

承蒙众多读者厚爱，拙著受到了广泛好评。之后又成立了咨询公司，在两年时间里，我奔走在日本全国各地，为在各个企业和工厂进行演讲、技术指导。

其中涉及的"精工细作"的现场也不尽相同，既有打进世界市场的知名公司，也有灵活多变的中小企业。产品种类也多种多样，从集成电路晶片生产设备、医疗机器、印刷机器、多功能打印机、手机产品、电脑零件、剧场座位系统、油压机到太空火箭、火葬设施等。

尽管其中大部分产品都是首次接触到，但仔细观察产品和图纸，就会发现其中需要解决的课题几乎是一样的。

原本属于开发源头，也就是设计上的无用功，如实表现在了产品之中，如构造上的浪费、零件的浪费、加工环节的浪费、组装环节的浪费、强度部分的浪费、品质上的浪费。最终导致的现实结果就是，这些浪费使成本增加，功能和性能方面也仍有不少值得改进之处。

因此，我深感"精工细作"教育对日本开发现场来说，仍然很重要。

另一方面，我也得到了面向中国的开发人员进行"精工细作"教育的机会。2010 年秋，我作为由中国山东省机械工业协会主办的精工细作讲座的讲师，面向大约 100 名听众，以《为降低成本，对设计进行重新认识》为题进行了演讲。

演讲的内容与在日本进行的演讲几乎相同，但给我印象最深的就是，听众努力听演讲内容的态度。他们之中大多是产品开发人员、设计人员，其中还有企业高层和现场管理人员。通过他们密密麻麻的记录，我深切感受到了其中的积极态度。

演讲的最后 30 分钟是回答提问的环节，这个时候提问的人也是争先恐后，让我切身感受到中国技术人员的专业水平之高和如饥似渴学习日本的"精工细作"、尽力追赶日本制造水平的精神。

中国 GDP 总量已经跃居世界第二，中国有蕴藏无限可能性的广阔市场。但对日本来说，未来中国一定会成为巨大的竞争对手。

在与中国进行合作之中，离不开的就是日本多年培养而成的"精工细作"的技术和智慧，以及充分发挥这些技术和智慧的顽强战略。

通过在日本和中国这两年的亲身体验，我觉得需要找到更加简单易懂的切入点来对《成本下降、质量提高》中提出的降低成本的手法予以说明。而这也是改变管理层和现场开发人员所固有的对降低成本的负面印象的有力工具。

实际上，我要向现场开发人员传达的降低成本的理念，就是通过充分认识零件材料和加工、组装、物流所花费的成本，最大程度降低成本来创造性能和功能都符合市场需求的优质产品。

这次，我想从更加注重实践的角度出发，让读者能够切身掌握"只要减少一半零件，就能降低一半成本"的现实。这也是能够提高产品附加价值的方式，可以称之为积极的降低成本的方法。我将这个可以使管理层和开发人员都能满意的方法称为"成本开发"。

基于 40 年来作为开发者的亲身经验，我得出一个结论，那就是不能实现成本降低，就无法开发出市场欢迎的产品。

本书通过 20 个具体的事例来对《成本下降、质量提高》中提出的降低成本的要点予以说明。此外，本书对通过各个开发现场进行技术指导实现的业务拓展和目前正在进行中的实例也进行了介绍。

希望本书能够为开发现场的"成本开发"起到抛砖引玉的作用，找到渡过经济低谷期的突破口。

第 1 章

成本是『创造』出来的

成本不是产品开发的结果

如果想在开发现场降低成本，首先必须做到的是使自己公司产品从开发到生产及销售等所有流程中的成本清晰可见。

我自己将在久保田时代经过试验并取得成果的开发手法，即对成本有充分意识的手法，称为 DTC（Design to Cost）开发。其中的关键之处就是从一个零部件到加工、组装等所有程序中的所有成本都清晰可见。

我之所以开始注重 DTC 开发方法，是因为一次亲身经历。

大约 40 年前，当时我在久保田的耕耘机技术部，正着手开发具有划时代意义的四轮驱动拖拉机。那是第一次在日本开发国产机型。

将美国产的四轮驱动大型拖拉机拆分后，对其结构进行细致分析，经过一番努力终于制作出了试验机。结果，机器的性能和品质都超乎想象，当时看来直接推向市场也胜算十足。

"这样的话，绝对会畅销！"

试乘之后，我们每个人都自信满满。

但是，真正到了商品化的时候，却被喊了暂停。专业部门对售价、生产台数、利润率等进行精细测算后，发现成本过高，很难获利。

那一年之后，我们整个小组全体出动，奔走于全国各家制造商之间，为了实现降低成本的目标而搜集报价。在一家汽车制造商那里，我们以较低价格采购到了几乎所有的零部件。于是，将试验机搬到了这个工厂，让他们看实际使用的零部件和组装后的状态。

工厂的工作人员将我们设计的四轮驱动拖拉机进行拆解，对机器的每个部分都进行了细致入微的检查。针对材料的使用方法和加工工艺，也一个个地指出了我们的画蛇添足之处。

比如，"这个箱体如果使用塑料来做的话，会比用钣金更加便宜"，"这里用不着两面都进行焊接，只要焊接其中一面就可以了，焊接过多的话，反而会容易引起热变形"，"这一部分的折弯是不是可以省略？省略这一个折弯就可以降低 15 日元的成本"等。

这些建议都是非常具体并且可以马上予以实施的实用性建议，如使用什么样的材料，怎么进行组装，采用什么样的构造可以更好地控制成本。这对当时的我们来说，绝对都是一种前所未有的神奇体验。

就这样，在这里学到的降低成本的方法，被我们带回了公司，并运用在开发中。结果，最终投入市场的四轮驱动拖拉机，比以前的二轮驱动拖拉机成本还要低。

这一次的经历，使我深刻认识到，"所谓成本不是产品开发的结果，而是在产品开发的过程中，与产品一同被创造出来的"。甚至可以说"创造利润的根本就在于开发"。

成本计算手册要让每个人都一目了然

要想让每个人对成本都一目了然，就必须掌握产品整体所需的成本。这时就需要下边这个非常有用的公式。

产品成本＝变动费用＋固定费用＋利润

变动费用指的是直接材料费用、公司内部加工费用、物流费用等，固定费用指的是设备投资和人工费等。

公司不同、所生产产品的种类不同，各费用也会有一些差异。但在制造业中，一般情况下把产品全部成本算作是100的话，变动费用、固定费用和利润的比例一般是60、30和10。

其中，开发人员能够大展身手降低成本的部分，自然就是变动费用的部分。可以说，对在全部成本中占60%的变动费用如何进行削减，是决定降低成本成败的关键。

对占据60%的这一部分，再进行细分则是直接材料费占48%，厂内加工费占8.5%，物流费占3.5%。开发现场发生的成本，即直接材料费和厂内加工费，约占全部变动费用的94%。

在四轮驱动拖拉机的开发中，给我们留下深刻印象的材料的使用方法、加工方法，可以说就是控制直接材料费和厂内加工费最为具体的体现。如何让这些成本更一目了然，如何更有效率地设计产品并降低成本，这就是DTC开发的重点。

为了达到这一目的，我将久保田时代的资料加以整理并制作成了"成本计算手册"，在小组内进行活用。这一手册也是可以使成本降低的对象，它使产品每个零部件的成本构成一目了然。

"成本计算手册"提到的成本是对直接材料费、厂内加工费、物流费再进行细分后的各个部分，即材料费、加工费、各个加工工艺中的费用、涂装费、组装费、冶具费、模具费、包装费、物流费等。

关于成本一词，平常都会听到、说起。这个词的含义应该也不会有让人误解的地方。但是，对于如何掌握某个特定产品中由多个零件组成的单元的成本，如何对成本进行计算的阶段，却并不一定存在确切的方法。

不同业种和产品的成本条件原本就各不相同，即使是同一个零部件，其成本也会因使用材料和加工工艺的不同而有很大差别。此外，材料费和加工费等的价格也有上下浮动的问题。

如果对这些问题置之不理，在产品开发过程中，小组成员之间的成本意识也会参差不齐。因此，在进入开发流程之前，需要制作出像手册一样的一览表，让每个成员都看到成本的组成部分，并进行正确理解。

通过这样的手册，就可以让所有参与开发的成员对每一特定零件单元的成本有共通的认识和理解。这也是让开发团队成员在同一个矢量内进行降低成本工作的大前提。

成本计算手册活用实例

说到让所有的成本都一目了然，可能会让人认为需要罗列所有大大小小的项目。但是，由于材料实际行情的变化及产量多少等可变因素过多，如果按照手册字面的含义来制作，使用起来反而会很不方便。

我在工作中经过无数次实践得出的一个结论就是，先列举出绝对不可缺少的项目，将变动幅度大的部分制作成便于修改的格式，再在实际操作中进行斟酌改动。

原本，这一成本计算手册的基础就是在前文中介绍的从汽车制造商那里学来的计算成本的方法。将这些做法进行分类并予以逐步改善，以便于实际应用。最终，这些方法被整理成成本计算手册应用到了久保田的业务开发和技术员工的培训中。

目前，我在进行培训或技术指导的时候实际使用的成本计算手册也基本上沿袭了当时的内容。现在的手册使用的是 A4 大小的纸张，约有 30 页。

其中，内容的授课用大约两天即可完成。听讲人先大概理解了其中的内容，之后再对实际的零部件成本进行计算。总之，迅速掌握成本计算手册的捷径就是尽可能积累计算产品成本和零件成本的经验。

具体以某产品的金属零部件为例进行说明。

首先以计算成本的零件图为基础，填写成本计算手册。"品名"栏中填入零件的个数，并画上简单的草图。图中的金属零件由三个部分组成，所以分别标为①②③。

成本的两大组成部分，分别为"材料费用"和"加工费用"。

其中，"材料费用"还可以进一步细分为"材质""材料尺寸""重量""单价""材料费"若干项目。具体到图中的三个零部件，其中的材质分别为①铁板、②圆棒、③栓销。然后分别填写"尺寸""重量""单价"，最后用"单价"×"重量"来计算出每个部分的材料费用。

对于图中金属零件的情况，有一点需要注意，比如①中的"材料尺寸"的计算结果要除以 2。其原因可以在"品名"栏下绘制的图中找到，因为一块铁板可以制作出两个零部件。

如何从一块铁板材料中减少浪费率以达到提高成品率的目的，就取决于开发人员绘制的图纸。假如开发人员绘制的图纸中，从一块铁板上只能制作出一个零件，那么材料费瞬间就会提高一倍。

接下来是"加工"的环节。这里按照各个零部件的顺序，依次填入"开孔""折弯""切断""焊接"等加工内容，计算出各自部分的加工费用。另外，铁板制作①中的零部件需要的模具的制作费及用于焊接的焊接冶具费用，也要计入其中（单价等从成本计算手册中选择出必要内容进行填写）。

计算成本的零部件图纸

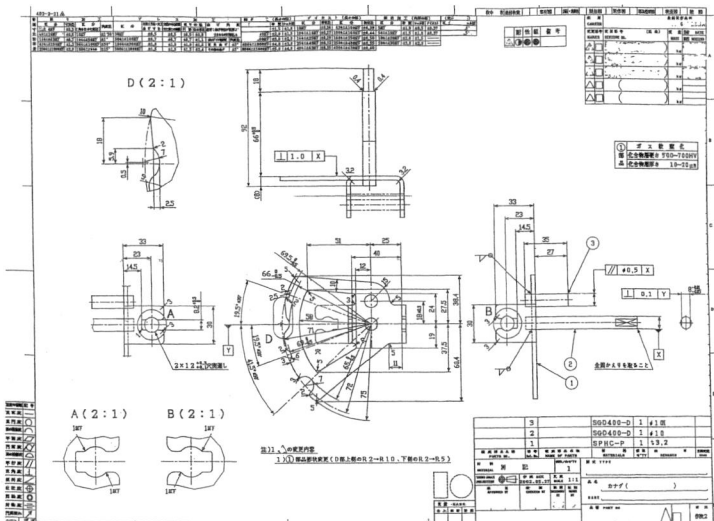

根据成本计算手册计算出的成本金额

通过以上步骤，就可以计算出三个零部件实际需要的材料费用和加工费用。

如何制作成本计算手册

　　制作成本计算手册，首先要从研究材料供应商平常提供的报价表开始着手。

　　一般情况下，材料供应商提供的报价表中都包含哪些成本呢？

　　首先是图纸中绘制的各个构成零部件的原材料费，包括材质、材料单价、重量、材料费、整体材料费（包含管理费）等，各个项目都会予以记载。另外，作为构成零部件的加工费用，各个工序中的费用也会被统算在内。

　　除此以外，包装费、物流费也会被计算在内。在此基础上将构成零部件总数的单价和生产数量与交货批量记录在一起。这就是日本制造业中较为标准的报价表内容。

　　当然，各个行业的报价表都会因各自行业的不同特点而有些差异。比如，与汽车行业相关的供应商的报价表中，加工零件时产生的废料费用会以返还费用的形式予以计算。此外，还有一些对成本不容易掌握的行业，有按照一堆零件多少钱的方式做预算；在纸箱制造行业，还有按照总重量的吨数来做出报价表的做法。

　　上边列举了几个较为极端的例子。但是，对于习惯于采用不精确的方式进行采购的公司来说，为了达到改革成本结构的目的，一个前提条件就是要供应商提供精细到每一部分的报价表。因为，制造企业相当于是供应商的买方立场，当然可以要求供应商解释一下为什么报价表中是这样的价格。

收集供应商的报价表，然后对其中的内容进行研究，接下来就可以将这些内容作为成本预算手册的基础数据加以利用。

将数据大致分为材料类和加工类两大种。材料类包括铁金属类或有色金属类的铸造、锻造、圆材、板材等，或者塑料类、橡胶类等几大类。在此基础上再按照不同的加工工艺分类对20至50种零部件的报价表进行研究，基本上就可以抓住大概的倾向值。

虽然报价表的样本数量越多，倾向值的精度也会越高。但是为了节省精力，可以尽量集中在有代表性的材料上。将各种材料的倾向值尽量做成简单的一览表，应用到成本计算手册中。

尤其是材料费用，可以很简单地制作成手册。从主流报纸中获得数据，制作出主要原材料的市场行情推移表就可以。钢材、有色金属、天然橡胶等可以参考日本经济新闻，表面处理钢板可以参考日刊工业新闻，其他材料可以参考相关各自行业媒体在月末公布的市场行情专栏，参考其中的数据。

当然，各种物品的价格都会根据实时的供需平衡程度上下浮动，多少都会跟时价有一些出入。但是，只要参考报纸上登载的可信度较高的价格，就完全可以将主要原材料和加工费的单价进行统一。

原材料的市场行情，在东京和大阪之间还有一定程度的差异。比如，2009 年的时候，结构用圆钢材（13 毫米）在东京的价格是 120 日元 / 千克，在大阪则是 135 日元 / 千克。

但是，这一价格是用现金在批发商处大量购买的价格。一般中小企业从材料商那里小额购进的情况下，很难拿到报纸上的市场价格。根据我的经验，填写到成本计算手册中的材料单价一般比市场行情高 30% 左右。

但是，作为开发人员，应该尽量让算出的成本更低。作为开发团队的领导，也要注意对该方面的日常指导。以上文举出的结构用圆钢为例，当然就应该以东京的市场价格 120 日元 / 千克来进行计算。

接下来是加工费，加工有各种各样的工艺，不用一一将它们制作成手册。根据自己涉及的产品产量或使用材料，可以大概推测出所使用的加工工艺，再将其中最常见的加工工艺进行手册化。

比如圆钢、管材、板材，还有铸造、压铸模铸、铁类铸造原料和模具费、铝类原料和模具费、轴类的加工、齿轮加工、热处理、盒体加工、钣金冲压及模具、焊接加工、表面处理加工、塑料成型及模具、橡胶、弹簧、铭牌等项目基本可以实现。然后根据实际需要，将新的加工工艺补充进去即可，这样就成为简单易用的手册。

接下来计算出各个零部件的材料、加工费，进行估算统计后，再对其他必要项目进行补充。如材料费加 5% 的管理费、加工费加 20% 的管理费和 20% 的运输费。这些数值，也是根据多年经验计算出来的较为贴近实际的数值，该部分也需要加入到成本计算手册中。

为了计算出详细的材料费和加工费，还有一个必要前提就是标准值。

一个是批量系数。订货量越多，报价越低，零件的单价也会相应得到控制。

我现在使用的成本计算手册，基本上按照一次订货 500 个为前提，来计算材料开孔、折弯、切断、焊接等加工费的单价。

如果一次的订货量为 1000 个、2000 个，或仅有 100 个，则将一批 500 个的加工费的单价算作 100%，然后乘以根据数量不同计算出来的批次系数。订货量为 1000 个的时候，批次系数为 90.5%；订货量为 2000 个的时候，批次系数为 86%；一次订货量只有 100 个的时候，批次系数则提高到 155%（一般情况下，生产批次对材料费的影响较小，所以不计算批次系数的影响）。

同理，焊接和组装工作中每小时的人工费单价也是固定的。以上便是计算新开发产品的成本时，需要记录到成本计算手册中的基本数据。

为了计算出一个产品开发过程中发生的成本费用，需要将所有零部件按照这个手册来进行计算。所谓的"创造"成本，其实就是这般细致工作的积累。

通过计算成本提高开发能力

有一点很重要，希望不要产生误解，那就是作为开发人员对产品的成本进行事无巨细的计算，目的不是将它当作绝对标准来跟公司内部的采购部门或供货商讨价还价。其原因在于，公司内部的采购部门往往从与供货商的关系出发，将采购价格稳定在平均范围内。而供货商则会因转包或改变加工方法而使成本出现变化。与他们不同的是，开发人员则倾向于不断寻找成本的最小值。

这并非孰对孰错的原则问题，而是源于各自不同立场出发对于成本的考虑。

重要的是，开发者不能将成本计算这一任务完全交给公司内部的专业部门或供货商。

无论怎么使用成本计算手册计算出成本，因为各种现实情况等原因，也不一定能以相应的价格来进行采购。但是，开发人员以合理依据来计算成本，却有着相当大的意义。在与采购部门进行协商或对供货商的预算单进行判断的时候，它都会发挥巨大的作用。

发展到一定规模的制造企业，一般都会有成本估算课或成本中心等专门负责成本的部门。这样的企业的开发现场，一般都是将图纸的主要规格输入到电脑中，系统就会将成本计算出来。

但是，这样的计算都是技术人员事先设置好的数值，到底是依据什么计算出来的，其过程就像是飞机的黑匣子一样不为外人所知。这对开发人员来说可谓方便之极，但却绝非适合掌握降低成本的技巧和智慧的良好环境。这样会使靠自己考虑成本的构成、靠自己提高成本意识的能力丧失，使得依赖电脑成为自然而然的事情。

看上去似乎是非常麻烦的工作，但只有通过自己亲手计算出一个个零部件的成本，填写到成本计算手册的格式栏内，才能培养出作为开发人员的感觉，也才能找出之前一直忽视的浪费之处，并通过绘制图纸对浪费之处予以改善。在多年的技术指导中，我对此深有体会。

从这个意义上来看，可以说成本计算手册就是让成本更加显而易见的必不可缺的工具，甚至将它称为产品开发人员或设计人员的"圣经"也不为过。

通过这样的工作，加强降低成本的意识，开发人员可以站在消费者的角度来对产品的质量、功能和性能等要素通过数字来进行衡量。达到这样的一个水平，就可以说作为开发人员，实力等级得到了更高层次的提升。

成本最小化设计才是降低成本的极致

所有制造的出发点都是设计和图纸。所有通过形状来体现的产品都是源于图纸。可以说图纸就是技术的 DNA，因此只要图纸出现变化，产品就会发生变化；产品发生变化，事业本身也会出现变化。对制造企业来说，图纸的重要性就是如此之高。

在绘制如此重要的图纸时，开发人员必须时刻谨记的就是产品整体的构图，即产品的整体形象。这不仅指的是绘图的技巧本身，而且是要求开发人员通过充分发挥自己的技术和智慧，站在消费者的角度来思考、试验，绘制出让产品的形状和构造更加完美的产品构想图。产品的构想图又被称作计划图，最终产品的 80% 左右均取决于这一计划图。

在绘制这样的计划图的时候，开发人员被要求发挥的作用非常重大。即在充分理解各个零部件功能和目的的基础上，再读懂产品在工作时各个零部件发挥怎样的物理力量。

这与读懂零部件的使用材料和加工工艺的成本同样都是非常重要的技能。开发人员需要在绘制图纸的同时马上判断出，零部件采用什么样的形状和构造，才能减少使用材料和加工工艺以降低成本，同时还能够判断消费者在使用产品的时候，各个零部件需要发挥多大的力量，需要多大的强度。

比如，支柱长度越大，在受到压缩的作用力时就越容易出现弯曲。出现弯曲现象的原因则取决于与断面形状的相对长度和承受重量。

此外，产品还会因受热而出现变形。材料的成分不同，变形的程度也不一样，如铝、硬铝、铜、钢等各种材料。同样受热的情况下，铝的伸缩程度是钢的两倍。这类读懂力度的能力，在设计经常受到外力或受热的零件，比如发动机的活塞、拖拉机的钩爪等时是必不可少的。

在绘制图纸的同时，按照成本计算手册的各个栏目，然后计算各个零部件的各加工工艺的成本。在此基础上，快速对各个具体的细节部分计算成本的同时，绘制产品的计划图。这样在绘制产品图纸的过程中，应该就能切身体会到创造产品就是在创造成本。其实，开发人员这个时候在创造产品的构造和零件形态的同时，确实也在创造成本。

产品的不必要之处，通过绘制的图纸中庞大的零件数量，也会看得一清二楚。不仅如此，多余的零部件还会导致后期随之出现更多的不必要工作，如组装产品的工序、品质波动、对客户的售后服务等。

"每增加一个零件，就会让十个人增加工作，也会让十个人的工作质量不稳定"，这也是前人从实际中得出的结论。

设计的重要性，其实现在已经不仅仅限于制造业的开发现场。据说现在的 IT 行业中，比较程序师其设计能力的高低，就是看如何使用更少的代码（程序的行数）来让程序正常运行。

平时企业宣扬的降低成本，或者说在大多企业中实际进行的降低成本，大都是在最为重要的设计工作结束后才开始提上日程的。但是，这为时已晚。

大多情况下，制造企业的领导层面有着根深蒂固的错误观念，那就是他们理解的降低成本就是千方百计地减少生产成本或人工费。但是，如此种种的成本之所以会出现，是因为开发的源头在产品开发现场。而现在的实际情况则是，大多数人并没有注意到这一事实。

上文讲述到的自创开发手法，我将其命名为"成本最小化设计"。各位是否能想象得到，在开发的源头也就是产品设计阶段，开始降低成本会包含怎样的可能性呢？

表里一致的"成本最小化采购"

按照上文的开发手法，绘制出符合目标要求的图纸，再进行试制作机的测试后，就进入委托专门部门采购材料的阶段。与之相应的购买材料的方式，被称为"成本最小化采购"。为了达到目标要求的合理成本，需要对图纸进行"成本最小化设计"，同时对采购材料进行"成本最小化采购"。

当前的全球化市场下，不仅产品的销售要实现国际化，材料采购也不局限于国内，需要将海外的供货商也纳入到供货竞标的视线内。

但需要注意的一点是，在海外采购材料或零件时，要注意汇率变动和物流风险等不确定因素。

为此，就需要设定一个警戒线，即比国内采购价格便宜15%以上的情况下，再考虑实行海外采购的方案，或者与供货商协商，如果因汇率变动出现10%以上的损失，在一定时期内要由双方共同承担相应损失。

由多家参与供货竞标时，一种零部件也会由多家供货商来供货。但是毫无根据的要求降低价格也不是可取之策。应该根据成本计算手册得出的有切实根据的数字，来综合评价各供货商的报价表。

我在久保田使用成本计算手册的时候，将根据成本计算抽测算出的数字再乘以 0.9 作为提交给供货商的金额，以此金额来与供货商进行交涉。但这个金额对供货商来说，只是他们尽量努力实现的目标。能否在有确实根据的基础上算出这样精确的金额，是实现"成本最小化采购"不可或缺的。

开发者需要进行交涉的对象，不仅是供货商，还需要与实际负责零件、材料订单的采购部门，也就是采购人员进行交涉。采购人员这一角色的立场，也让负责人养成了一种特有的习性。

首先，开发人员总是习惯于将成本压缩到最低极限，而采购人员则倾向于不直接提出明显的成本价格。为了保持与供货商之间的良好合作关系，采购人员会在一定程度上保证供货商的利润。从他们的长远眼光来看，达到在关键时刻一个电话就可以帮助解决问题的关系，才是更加符合己方利益的。

因此，大部分的采购人员都不习惯在进行商品开发的时候花费很长时间来让多家供货商提供报价，也不习惯新的供货商突然提供很低价格的报价。与此相比，他们更倾向于向熟悉的供货商下订单，尽早进入准备生产的阶段。与成本和品质相比，他们最优先考虑的是商品的交货期限。

这绝非是挑采购人员的毛病。如果我站在他们的立场，估计也会采用同样的方式来工作。也就是说，采购人员在进行采购的时候，与开发人员，甚至经营人员的观点都有着微妙的差别。

这就需要开发人员在充分理解采购部门想法的基础上，与之打交道。

价格降低 15%+ 品质提升 20%= 性价比提升 35%

　　按照"成本计算手册"进行成本最小化设计，对与之相对应的"成本最小化购买"也已经进行了介绍。但是，在产品开发开始阶段，最为重要的事情尚未涉及。

　　那就是，设定较高的开发目标。

　　无论对成本计算手册的使用方法理解有多深，只要无法在开发目标层面对产品的具体形象进行把握，就不能真正对其进行活用。

　　因此，就需要设定较高的开发目标传达给开发团队的所有成员，并带领所有的成员朝着一个共同的方向努力。这就是现场开发负责人、负责开发小组的组长或项目经理最重要的职责。

　　目前，向我寻求技术指导的开发现场，大都对自己企业的产品抱有危机意识。其中不少是在市场上步步败退，甚至已被逼到生死存亡的危急关头。也有不少企业的开发部门固步自封，社长亲自来进行委托，"希望推动改革以改变落后于时代的体制，还请务必给予援助"。

　　尽管行业不尽相同，但是每家企业都有类似情况，那就是开发人员的意识无法摆脱现有产品及原有技术体系的限制。这样的企业苦于产品销量增长的瓶颈，想要改变在市场上不敌同类公司的状况，就必须挑战具有划时代意义的产品开发，但是新企划的产品还是无法摆脱原有产品的模式。

与其说是新产品，不如说这样的企业有着根深蒂固的固有观念，那就是在他们的意识里，新产品就是在现有产品的基础上再增加附加价值的产品。比如，改变原产品的某个部分，将某一性能再进行强化，也就是通过小处的改良来制造出市场欢迎的产品。

但是，以现有产品为基础，在其延长线上，无论怎么添枝加叶，都无法开发出可令事业焕然一新的新产品。

这里我想极力强调的一点就是，越是这样的情况，越需要通过不拘泥于现有产品的"理想机型"，来提出更高目标的开发计划。

在供职于久保田期间，我曾接手过几个在相当长时间里都深陷赤字泥潭的业务，并顺利将它们一一扭亏为盈。当时之所以能够成功，用一句话来概括就是因为尝试了通过对机型全面改款的"攻击型"开发。

那时，我通过"构思理想机型"，制定了全新改款机型的开发目标。开发目标并不是仅限于表面印象的空泛"理想机型"，而是将其赋予数值化的开发目标，满足以下定义的全新改款机型才能称为"理想机型"：

成本降低 + 功能、性能、品质上升 = 性价比提升 35%

也就是说，在降低成本的同时还要确保品质（功能、性能）提升，才能够达到性价比提升 35% 的目标。

但是，光靠这些只言片语还无法看到达到性价比提升 35% 这一目标的途径。因为性价比提升 35%，终究只是消费者方面的感受。下面来分析消费者所感受的性价比提升 35% 的内涵。

其实，这一数字也是经过我自身的经验得到印证的结果。归根结底，消费者感受到的性价比，是与价格相比较产品的功能、性能和品质的提升幅度，也就是产品的价值。按照我多年开发产品的经验，将其归纳成以下数值：

价格降低 15%+ 品质（包含功能和性能）提升 20%= 性价比提高 35%

如果能将可以使消费者切身感受到以上性价比提升的产品投入市场，毫无疑问，这样的产品就会受到消费者的青睐。

将上述公式与前文提到的公式相对照会发现，开发人员要想达到理想的成本降低的目标，就必须实现价格降低 15% 和品质提升 20% 这两个要求。这也是消费者方面，即从市场需求着眼所看到的理想机型所需满足的条件。

通过削减 30% 以上的变动费用来提升极限利润 10% 以上

从消费者的角度看到的"价格降低 15%",对于制造产品的一方来说就是降低售价 15%。在降低售价的同时还要增加利润,就必须严格贯彻降低成本的要求。

这里再次重复上文提到过的产品成本的明细:

产品成本 = 变动费用＋固定费用 + 利润

开发人员能够大显身手降低成本的部分,主要是与变动费用相关的部分,即上文提到过的开发现场所发生的直接材料费和工厂内加工费约占全部变动费用 94% 的部分。

为了达到让消费者感受到性价比提升 35% 的前提之一就是价格降低 15%,而为了达到价格降低 15% 的目标,首先需看变动费用部分需削减到何种程度。

我认为需要将变动费用部分削减 30% 以上。如果能将包含直接材料费和工厂内加工费在内的变动费用成本压缩到这一程度,按照我多年的经验,应该会大大接近目标。

接下来,为了实现削减变动费用 30% 以上的目标,再将参考值进行细分并传达给实际负责设计的各位开发人员,具体数据如下：

　　零件数量减少 50% 以上
　　重量减少 30% 以上
　　焊接长度减少 50% 以上
　　组装时间减少 50% 以上

　　如上文所示，只要能够达到零件数量减半、主要加工工艺减半，就可以将包含材料费和加工费在内共计占 90% 以上的变动费用部分降低 30% 以上。只要将上述目标值全部实现，那么价格降低 15% 就成为了可能。

　　当然，开发人员的设计，在实现成本降低的同时还要确保品质的提高，不是简简单单就能实现的。但是，只要能够将变动费用部分削减 30% 以上，就可以获得降低售价的余地（在实际操作中，变动费用大幅降低的同时，固定费用往往也会出现减少的倾向）。

　　在降低售价的同时，重要的一点就是要增加利润。在这一部分，我的目标是将极限利润提高 10% 以上。

　　再次回到之前的公式：

产品成本 = 变动费用＋固定费用＋利润

这里所说的极限利润是指上边公式中固定费用加上利润的部分。

假设将售价降低 15%，而将极限利润提高 10% 以上的话，就需要将变动费用降低 30% 以上。

而使这一切成为可能的，就是开发现场所蕴含的力量。

口号是"零件减半、成本减半"

想要制作出让消费者感觉性价比提升 35% 的全新改版产品，该如何进行开发呢？与价格降低 15% 息息相关的变动费用削减 30% 以上的成本降低和品质提升 20% 的设计又该如何进行？如果能解决这些课题，那么将极限利润提高 10% 以上也可能实现。

这就是将开发目标进行数值化的理想机型的大致形象。按照这样的顺序来整理相关思路，开发现场团队内部也更容易就目的意识达成共识。

当然，实际的开发过程却不是一蹴而就的，需要一年到两年，甚至有的产品需要长达三年的开发历程。在实际开发期间，大部分时候都是在一进一退的重复之中，一点点地向设定的目标靠近。

按照成本计算手册，将全部零件的成本计算出来并进行相加计算的时候，也许会觉得想要开发出满足价格降低 15%、品质提高 20% 要求的全新改款机型是根本不可能完成的任务。但是，只要一点点磨炼技术和智慧，按照正确的方法向前进行，就一定可以实现目标。

我在开始进行开发的时候，很少讲短期目标的事情，而是先提出一个让全体成员都清晰可见的宏大目标。那就是"零件减半、成本减半"这一口号。从我以前的经验来看，朝着这一目标努力，基本可以实现前文提到的目标值。

另外还有一点基于自身经验的事情，就是与其笼统地命令开发人员"尽可能降低成本"，不如给其明确的数值化目标，那样更能调动开发人员的积极性。

尤其是对于积累了一定经验，从年轻人向企业中坚力量转变的开发人员，他们已经开始了解工作趣味所在，跟轻轻松松就能完成的低目标相比，被委以高难度的任务更易产生干劲。

因为对他们来说，没有什么事情能比掌握 DTC 开发手法、使用成本计算手册绘制出可以减少一半零件数量和焊接长度的图纸更让人精神为之一振的事情了。他们甚至还会主动追求进一步降低成本的方法，其中还曾出现过超额完成了减少一半的任务，将零件数量和成本降低了 70% ~ 80% 的实例。我曾经参与过的自动售货机开发中，有一款原有机型的零件数量为 7140 个，而开发的新机型则是由 1965 个零件构成的，零件数量减少了 72%。而且，功能、性能和质量也得到提升，实现了盈利得到大幅改善的效果。

在我进行技术指导的厂家，开发人员的学习潜力是不可估量的。

比如在生产产品之前，要重新绘制图纸时，我指出具体的改善之处后，他们都会主动吸收其中的技巧。为了能在一次的指导中尽量传授给他们更多的诀窍，我总是尽量进行细致的说明，但是很多时候在仅进行了简单的说明后，就有人回答说"啊，原来是这个样子，后边的图纸交给我们来画就可以了"。

用以前的话说，这大概就算是"修行靠个人"了。但是，其中的感觉和干劲却是极为重要的。

很多时候，开发人员从我的图纸和言语中得到提示，很快就心领神会。然后马上通过自己的手来进行确认。能有这样的开发人员，基本上就可以确定成功一半了。即使有一次或两次的失败，他们也一定会绘制出直到满意为止的图纸，成功实现降低成本的目标。

我也再一次深刻认识到，开发人员本来就对未知的技术和智慧充满了渴望。

不可或缺的前期管理

截止到这里的篇幅均是围绕降低成本为中心进行的阐述。当然，仅靠追求降低成本是无法达到开发目标的。除了成本，还需满足产品品质和生产日程等方面的要求。

如图所示，以成本（C）为顶点，绘制出包括品质（Q）和日程（D）在内的三角形，在产品开发的时候必须同时满足三个要求，即确保形状成为标准的正三角形。这就是根据 QCD 前期管理进行的产品开发模式。

假设某一产品的开发，在成本方面和品质方面都能达到目标要求，而开发日程却未达到目标；或者品质和日程方面没有问题，但是成本方面却出现了问题，为了确保不在产品即将完成之时的关键时刻出现这样的问题，就需要按照 QCD 的正三角形指标进行管理。

根据我在各行各业的开发现场进行技术指导的经验，得出这样一个结论：在常年市场状况低迷的业务的开发现场，毫无例外的都是不顾成本追求产品品质，在紧张的开发日程压力之下，出现严重浪费的倾向。

这也是我之所以将成本（C）放在 QCD 这一正三角形顶点的原因。

QCD 的正三角形

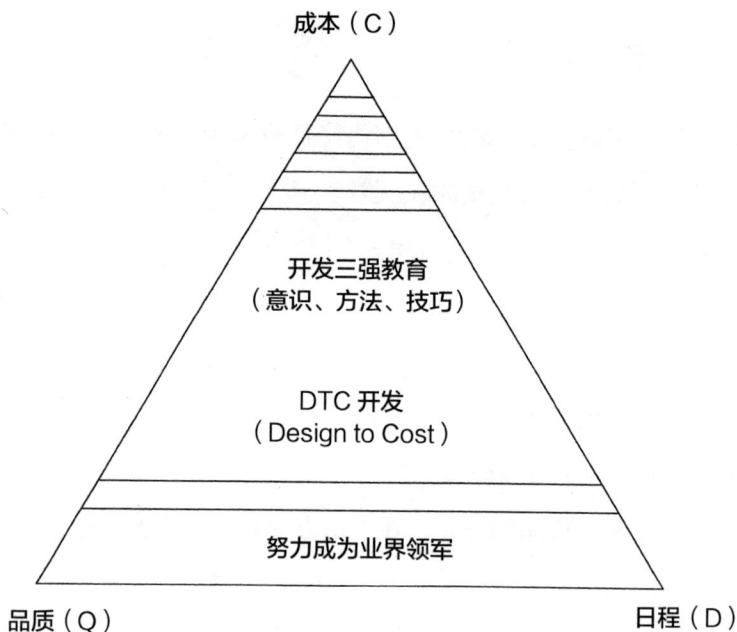

成本（C）

```
              /\
             /  \
            /----\
           /------\
          /--------\
         /----------\
        /            \
       /  开发三强教育  \
      / （意识、方法、技巧）\
     /                  \
    /      DTC 开发        \
   /   （Design to Cost）    \
  /------------------------- \
 /       努力成为业界领军        \
/_____ \
```

品质（Q）   日程（D）

　　因此，在实际开发中非常重要的一点就是将品质和日程作为基础，优先考虑成本。正如前文所述，准确把握各个零件之间相互作用的力量，通过零部件一体化或简化加工、组装工艺，彻底减少零件数量、工作量、制造所需时间等要素，这也是达到 QCD 目标的捷径。

　　QCD 的开发目标，不是简单的努力方向，而是必须确保实现的"硬性目标"。因此在制订开发计划时就需要预先留出保留部分（Reserve）。一般是留出 5% 的成本保留（CR）和 20% 的日程保留（DR），这是比较聪明的手段。

QCD 的前期管理，也是灵活应对企业内外各种环境和条件变化的行之有效的方法。

比如，竞争对手的企业投入到市场中的产品引起了轰动效应，相比之下自己公司的开发计划显得有些落伍，这也是有可能出现的情况。这样的情况，就需要修改开发目标，以尽可能地确保当前利润。

如果能提前做好先期管理，以应对市场的变化和风险，事业应该就不会有明显的恶化。

相反，在业绩不断恶化的企业开发现场，大都存在以下几种模式中的一种。

一种是亡羊补牢式的管理，即等到出现了严重的后果后才开始进行研究以采取下一步行动。比这个更严重的就是放任式管理，平时放任不管，等到出现了不得不补救的后果，才想一些应付问题的补救措施。

确实，开发这一工作包含了一些未知的可能性和不确定因素在内，不实际操作就不知道结果，因为不可能实现完美的管理。但是，以此为借口来推脱管理责任，放任自流就是本末倒置了。

无论制订出多么完美的开发计划，都需要由开发人员来实施。没有正确的方法论，就无异于画饼充饥。在推行成本可视化的同时，前期管理确保品质和日程的方法，对于肩负企业兴衰大任的开发人员来说，是一个非常有利的武器。

第 2 章

创造成本的技术和智慧

从其他行业的产品中发掘 IP

前一章中就"零件减半、成本减半设计"的概要进行了阐述。本章将就如何学习使这一概要成为可能的技术和智慧,并结合开发现场实务来进行具体阐述。

在掌握成本计算手册使用方法的同时,还要了解另外两个被用作现场教育的支柱。

一项就是发掘 IP 和发掘 PP。另一项就是全体成员都参加的学习会,来讨论如何在实际中减少产品各个部分和单元的零部件以达到降低成本的目标。

IP 是 Impressed Point 的缩写,意为感动点;PP 是 Problematic Point 的缩写,也就是问题点的意思。发掘 IP 和发掘 PP 的目的是正相反的,但两者在实质上的目的却又殊途同归。

先来对发掘 IP 进行说明。

优秀的产品中,绝对包含了关于精工细作方面值得学习的技巧和智慧。到底这样的技巧和智慧是什么样的东西?为了更能切身体会,就需要将优秀的产品进行分解,用自己的双眼亲自确认各个部件是如何制作、如何加工、如何组装而成的,通过何种结构来进行运转的。这样肯定可以发现其中的感动点。

我在久保田的时候,在某个事业部进行的发掘 IP 中,将丰田的一辆卡罗拉完全分解并进行了细致的分析,让所有成员来分别找出其中的感动点。

被卡罗拉的各个零件和构造中的什么地方所感动，为什么觉得这个地方优秀，让各位开发人员将这些感动点记录在 A4 格式的表格内。每张 A4 纸上有 10 个项目。仅这些感动点就可以记录出数张之多，而且还需要绘制出每个感动点简单的草图。作为补充，还要写上简单的说明。

其中很重要的一点就是给感动点绘制草图。通过这种方式学习掌握的感动点，在今后绘制图纸等实际应用的时候一定会发挥重要作用。因为这样的方式，比只用眼睛来确认、用大脑来理解、用文字来记录可以得到更多有用的东西。所以，这种时候禁止使用照相机。

在现场教育中采用这样的方法非常有效果，可以从其他行业的优秀产品中学习到很多东西。尤其是汽车、家电、IT 等向来竞争激烈的行业，受消费者欢迎的产品可以说是充满了感动点的宝库。

比如即使是看似行业跨度巨大的摄像机，实际进行分解后就会发现，连没有经过切削加工的塑料齿轮也能够巧妙地组装在一起。开发人员为实现产品整体轻量化所用的技巧和智慧，用一个小小的齿轮就表现得淋漓尽致。

IP抽出　　トヨタ　カローラ　を分解して

Impressed　Point (感動点を図示：コストについて)

1	ブレーキ レバー／ツブシ／ボス 両側つぶしによるボスの固定	6	6ナイロンのファスナー／軸はギザギザの鍛造 ○パチンとはめ込で固定 ギザギザの位置をずらすことでロッドの長さ調節が可能
2	H6／カシメ 溶接ナットのかわりに使用 伸ーにより位置決め容易	⑦	ボルト／樹脂成形品に取り外し可能なボルト／成形品
3	○パワーウインドのバランスバネ ○イスのリクライニング／板バネ 大きなバネ定数でコンパクトに。 スリットの軸に組付後カシメ	8 板た	薄板を組付後爪をまげる
4	ブレーキペダルのブラケット 4箇所ふくらみをつけカラーをスポット	9 板た	ウォーターポンプの羽根 板飯によるフィンとボスの一体化
⑤	溶接ボルトの先端をストレートにして組付の容易化	10	廻動物／樹脂製／ツバ付きブッシュ／段付きボルト不要／スリーブ

039

テーマ：AT IP抽出(エンジン)

Impressed　　Point (感動点を図示：コストについて)

1	・ベルトは、ポリVベルトを使用しているのだが、オートテンショナーを使わずに、上記の手動テンショナーを使用している。	6	・構造解析を駆使して設計を行っているので、ロッドのアーム部が幅12、厚さ10で断面積が小さい。
2	・樹脂製のインペラを使用している。（他では、板金又は、鋳物）	7	・エキゾーストマニホルドの各排気管すべてが同じ長さである。
3	・ウォータポンプフランジが板金の打ち抜きで作られている。	8	・コンロッドにピストンピンを圧入する事により、ピストンピン以降を廃止している。
4	・ロッカアーム、ロッカアームスプリングの抜け止めにピンを使用している。	9	・インレットマニホルドが樹脂製でサージタンクからシリンダまでの吸気通路がすべて同じ長さである。（①～④）
5	・エキゾーストマニホルドが鋳物ではなく板金の溶接構造である。	10	・インレットマニホルドが樹脂製なのでEGRの通路を確保する為に、アルミ製の板に溝を掘った部品を、インレットマニホルドとシリンダヘッドの間に挟んでいる。

从失败中学习以挖掘 PP

说句题外话，我在久保田时还很年轻，但已经进行过分解产品的尝试了。

当竞争对手企业发售新型号拖拉机时，我第一时间就会去试乘以确认机器的功能和性能，并在此基础上对其进行拆解。尤其是对于口碑好的其他公司的产品，更要进行彻底的拆解，详细分析。所以，对比其他公司的产品，就能找到自己设计的相同机型在市场上处于劣势的部分。

在产品开发工作中，从成功经验中，当然可以学到很多东西。但是，从失败的经验、在市场上输给其他公司的经验，以及自己研发产品被投诉的经验中磨炼自己的技巧和智慧，更能使个人能力得到提升。

发掘 PP，正是我基于这样的失败经验思考出的提高技能的训练方法。

这与寻找产品的感动点正好相反，是从产品中找出问题点。与其他公司竞争中处于下风的产品、销路不畅的产品、正在开发中的试运行机型，从整台机器或拆解后的零件中找出值得改进的问题点。

PP 抽出

(Problematic Point)　　　　　　　　　　　区分　　　　　　　　
　　　　　　　　　　　　　　　　　　　　　　　　5. 12. 2005

◎　○　△　　　　　　QCD　　（設計）4/3 1/2　1.検討 2.計画 3.作図 4.出図
重要 即採 採用 保留 中止

（研究）4/3 1/2　1.検討・試作 2.組立 3.改造 4.テスト

NO.	項 目	目的	内 容	担当	進 歩	
1	ハンドル フランクアーム	◎ QC	3ケ AW 320-FB 2ケ パイプ2重 @670- △350-		⊕	⊞
2	配管継手	◎ QC	150 エルボ廃止 △3 JASO シールテープ 5ケ 2ケ △183-		⊕	⊞
3	リフトアーム・後	◎ C	5ケ アタマピン クリピン 3ケ スプライン @860- @クランク ⌒⌒メワ △2×2 ⟩23-×2		⊕	⊞
4	リフトアーム・前	◎ C	カラー ブッシュ廃止 O リング 7ケ 6ケ △200		⊕	⊞
5	アッパーフレーム	◎ C	2ケ ネジ @165- @100- △65-		⊕	⊞
6	リミット スイッチ	◎ C	タッピンネジ ナット △1×2 △4×2		⊕	⊞
7	PTO レバー	◎ QC	ブッシュ廃止 5ケ 12ケ △236 @376- @140-		⊕	⊞
8	アクセル ワイヤ	◎ QC	ダブルナット バネクリップ 3ケ 調整ナシ 金具廃止 △20		⊕	⊞
9	ドアーフレーム	◎ C	AW70- △1 △85-		⊕	⊞
10	南向リンク	◎ C	ベンダーピン2重廃止 △1 △10- ツブシ △22 △1803-		⊕	⊞

使用的表格格式与发掘 IP 使用的格式相似，记录方法也几乎相同。

但是，可以肯定的是，与找感动点相比，发现问题点的难度要高很多。但话又说回来，将着眼点放在何处也是考验开发人员的技巧和经验的重要功课。其中，寻找问题点的关键之处就是对力的理解：从多种情况下想象用户如何使用产品，根据使用产品的不同条件来想象产品的哪个部位会作用多大的力，以及零件的形状和单元的构造如何承受所受的力。

正因为如此，现场教育中才会需要发掘 PP。实际上，我之所以想到这个手法，也是缘于一次令人终生难忘的客户投诉经历。

当时我在久保田担任负责小型拖拉机开发的项目经理。我们小组成功地开发出了搭载有可以利用油压随意进行变速的静压传动装置（Hydro Static Transmission）的拖拉机，这在当时堪称是具有划时代意义的产品。而这一新产品在推向市场后销路顺畅，成为拖拉机事业重新崛起的王牌产品。然而，就在这样的时刻，美国的销售公司进行了投诉。

投诉发生在北美的寒冷地区。正常情况下，踩下拖拉机的油门就会前进；将脚松开，油门就会回复原位，拖拉机随即停止前进。但是，却收到了在倾斜地即使松开油门拖拉机仍会继续前进的报告。其原因是"变速轴部位摩擦力的自动老化"，也就是受低温影响，油门移动部分的摩擦力增强，使得油门难以复原到初始位置。

我马上对试运行机器进行了重新检查。结果发现确实有类似的倾向。由于在开发阶段将全部注意力都放在了静压传动装置的开发上，导致在试运行阶段没有注意到这一问题。

原因弄清楚后，公司内部将这一问题作为重大投诉进行应对。并另外成立了由开发当事人之外的成员参加的特别小组，作为解决方案，开发小组采取了安装额外零件以防止出现意外情况的措施。这一应对措施相当有效，拖拉机的销量也迅速恢复。但是，从这一事件以来，我开始考虑如何将这样的投诉防患于未然。

我由此次事件想到的就是发掘 PP 的方法。为了实现零投诉的目标，开发人员必须彻底实施这一方法。

通过发掘 PP 将投诉消灭在萌芽状态

顺便要说的是，在拖拉机项目之后的插秧机项目中，对发掘 PP 的方法进行了彻底的实施，结果在开发机型中就没有出现任何投诉。

特别是对于自动售货机开发项目，其效果更是立竿见影。

在我负责自动售货机项目之前，应对市场投诉就是开发部门一年中的工作常态。由于公司每年都会向市场投放新机型，所以到第二年的夏季，就会集中收到投诉的信息。于是，开发部门的大部分人员几乎同时飞往全国各地，为处理投诉问题而奔走。这一状态已经持续了很多年。

上任伊始，我就把发掘 PP 的做法教给所有开发人员，并让他们在开发和试运行的阶段彻底实施。

我当时交给开发人员的任务不仅限于已经确认的问题点，还要求他们哪怕有一丝出现问题的担心，都要全部找出并简述问题所在。其目的就在于不仅要解决凸显出的问题，还要找出潜在的问题点。因此，将找出问题数量的指标定为了产品零件总数的两倍。

效果得到了真实的体现。从第二年度开始，开发机型的全部投诉数为零。不用说，之前每年夏季几乎已成惯例的投诉应对措施也不再需要了。

分析以往的投诉内容可以发现，尽管其中95%在产品开发的阶段就曾经出现过问题隐患的征兆，但仍被开发人员所忽视，或因其个人不当作一回事的判断，导致问题最终发生，受到市场的投诉。可以说发掘PP是将各种投诉防患于未然的重要的开发手法。

归纳问题点的数量要求为全部零部件数量的两倍，可能给人感觉非常不切实际。但是，只有不辞劳苦，予以彻底的实施才会真正发挥作用，也是切切实实减少投诉的法宝。

此外，为了发挥发掘PP及在此之前进行的发掘IP的相乘效果，开发人员可以想象消费者实际使用产品的场景，来从各个角度对试运行机型进行研究。这也是培养通过图纸来想象隐藏问题能力的绝佳锻炼机会。

本来是为了方便消费者而费尽心血开发出的新产品，反而引起消费者的不满导致投诉的话，只会降低消费者对企业的信任度。这对开发人员来说，恐怕是再痛苦不过的事情了。而发掘PP就是避免这样恶劣事态的最为有效的方法。稍微夸张一点说，这也是回归到精工细作的原点，对自己企业产品品质的重要性进行重新认识的手段。

每天 30 分钟的学习会议可使现场脱胎换骨

此外，在对开发人员进行指导的时候，我还有非常重要的基本原则。

比如第一次的指导中将 100 传达给开发人员，他们在头脑中即使理解到 100，在实际绘制图纸的时候能切实掌握的大概是 30。第二次和第三次会分别再增加 30，等到进行第四次指导后，终于可以将第一次讲的 100 全部传达给开发人员，并能将这 100 反映在图纸中。这也是根据实际情况总结出来的经验。

这个比例是信息内容传达给接受方的比例及接受方将接受的信息付诸于行动的比例。我认为这个比例同时也是引起共鸣和加深意识的比例。重要的是锲而不舍地与开发人员交流直到得到他们的理解和认可。

我在现场教育中所追求的就是，在教与学之间保持应有的一定距离，使信息更加有效地得到传递，使工作方法在现场得到共享。

我在久保田进行的学习会议，时间只有 30 分钟左右。前 15 分钟，由我就成本降低的要点进行讲演。后 15 分钟，由开发人员轮流或两人一组就现有产品的的零件或单元绘制降低 100—150 日元的图纸，在全体人员面前进行发表，即降低成本 100 日元的提案发表。这个学习会议，在每天的早会后进行。

就这样，通过不断落实一件小事就可以收到巨大的效果。每次都是在我的发表之后由开发人员进行说明。如果提案当场得以采用的话，就由提案者立即绘制出正式的图纸。

提案发表由全体开发人员按照顺序进行，具体到每个人的频率大概是两个月一次。发表的提案中有被采纳的并由所有在场人员共享后，就可以使开发人员整体水平得到提高。我将其称为"全员参加的共同体验"。

在我最初想到学习会议这个主意的时候，也并未对其效果有明确的预估。只不过是面对因为连续赤字、事业低迷的部门，觉得必须做点什么而开始进行的摸索。反而是在实施过程中，看出开发人员的能力得到显著提升后才对这一方法拥有了信心。从这个意义上来讲，反而可以说是开发人员教给了我现场教育的重要性。

真正开始这样的学习会议，其实是在我担任前文介绍过的小型拖拉机开发项目负责人的时候。

经过力排企业内部各种争议，HST方式的变速器的开发圆满成功。虽然几经波折，但是终于将搭载这种变速器的小型拖拉机推向了市场。虽然在其他部分出现了重大的投诉，但是这一新产品一下子风靡市场，实现了从赤字转为盈利的 V 字恢复。可以说这完全是通过学习会议让开发团队成员的能力得到提升，并将其凝结为产品的结果。

我之后又担任了插秧机事业部和自动售货机事业部的负责

人。这时我已经对学习会议有了十足的信心，并可以很好地贯彻执行。这两个部门原本是赤字，最后都在开发主动进攻型的全款改版机型方面取得了成功，也实现了重建事业的目的。

通过这些实例，我对包括发掘IP和发掘PP，及如何通过"全员参加的共同体验"将现场教育发挥最大效果很有信心。

我作为开发人员的技术和智慧，全都来源于长达40年的现场开发经验。但是，在加大了现场教育的力度后，切实感觉到比预想的成果更大。因此我开始考虑，与经验相比，应该优先进行教育，即"教育胜过经验"。

等到了退休的年龄，一个机遇事实的想法不断在我心头萦绕。那就是如果我能更早点掌握这个技巧和经验，那么完全可以做出更好的工作。

现在，我越来越确信，我积攒了40年的技巧和智慧，完全可以通过现场教育在短时间内传授给年轻一代。为了实现这一目的，我坚持在全国各地飞来飞去。

第 3 章

技术指导的巨大作用

无须在一线进行指挥也可以降低成本

在接下来的第 3 章和第 4 章中，我将对曾经担任过技术指导的成本降低实例进行介绍。

如前文所述，任职于久保田时期，我作为开发部门的负责人在生产一线进行指挥，通过彻底实行成本降低的政策，将拖拉机部门、插秧机部门和自动售货机部门三个原本赤字累累的部门扭亏为盈，实现了 V 字恢复。

其过程也正是本书所阐述的成本降低手法的摸索过程。在这一过程中，我自己设定开发目标，从检查部下绘制的图纸并让他们进行修改，反复进行试运行机型的测试，到实际生产产品的所有步骤，我全部都要经手。

其详细过程，在上本拙著《成本下降、质量提高》中进行了详述的记述。之后，我因受其他部门的委托，又获得了几次到其他几个开发现场进行技术指导的机会。正是在这一时期，我再一次感受到了降低成本手法的无限可能性及通过现场教育将降低成本的手法切实传授给开发人员的有效性。这一章，我首先来对技术指导的实例进行介绍。

<实例 1> 向净化槽开发人员传授的技巧与智慧

按照每月一两次的频率开展技术指导

2003 年秋，我正在进行自动售货机的开发工作，距离事业扭亏的时间大概还有半年。公司某位负责销售的领导问我是否能给净化槽部门进行技术指导。当时我在自动售货机工厂所在地茨城县的龙崎市只身赴任，每月回一次大阪的家。当时他们希望我每个月回家的时候顺便到滋贺工厂的净化槽部门去看一下，所以我毫不犹豫地接下了这个工作。

我的工作重心依然是自动售货机业务，同时以顾问的角色，每个月到现场进行一两次技术指导，这也是我第一次以这样的形式工作。

因为有着将三个部门的业务扭亏为盈的经验，所以我对自创的成本降低的手法有着相当的自信。如果能在其他业务部门发挥出应有的积极作用，也是非常有意义的事情。但是，我所取得的成绩，都是作为开发团队的负责人，作为部门之长，在与同事、部下朝夕相处共同行动中获得的。突然变成仅是进行技术指导，心理颇有不安。一个月只有一天或两天的技术指导，到底能够取得多少成果？

净化槽事业部，原本是面向住宅公团（现名为 UR 都市机构）

制造 FRP（玻璃纤维增强复合材料）材质的浴缸。但是随着社会发展，需求减少，最后撤出了市场。之后，将 FRP 技术用于生产净化槽，以实现转型。

净化槽产品主要应用于下水道尚未普及的山林地区和人口过少地区的生活排水处理装置。将粪尿及厨房洗菜后的水、洗衣服的水及洗澡水排入到埋在地下的箱式净化槽内，通过微生物（细菌）来分解水中的有机物，进行无害化处理后再排放到河中。公司的主要业务是开发、生产和销售适合普通家庭 5 ~ 7 人使用的净化槽，此外还生产用于公寓和公共设施的大型净化槽。

这一行业几乎没有出口，国内市场有十几家企业在竞争。特别是其中四家规模较大的企业之间的竞争呈白热化状态，久保田受他们之间竞争的影响也陷入重重困难，虽然尚未出现赤字，但盈利状况相当不乐观。

因此企业高层希望通过大幅度降低成本来增强净化槽业务的竞争力。这也是负责销售的领导让我来进行技术指导的目的所在。

组装工序复杂导致出现的浪费

2003 年 9 月下旬，我在 JR 草津站转乘地方铁路，第一次来到位于丘陵上的大片工业区一角的滋贺工厂。净化槽业务部的部长前来迎接我，将产品的概要情况进行说明后，就带我进入了工厂的生产车间。

扑面而来的就是塑料特有的气味。巨大的冲压机通过上下两个模具分别生产出上槽和下槽两个部分，将内部加工完成后再进行组装，这就是整个生产线的大概情况。

数量众多的零件中，大部分都是耐腐蚀的塑料材质。观察组装工序的时候发现，为了将净化槽的内部分成四个部分，需要在里边安装三个竖起的隔板。此外，还发现零件都是事先在外部组装完成后再放进下槽内部，然后将上槽放在上边进行组装。

为了处理污水，上下槽内部分成的各个槽之间的功能和整体的系统非常重要。虽然整体的构造格外简单，但与此相反，给我留下的印象是零部件数量多、组装工序繁杂。

通过对组装工人的工作进行细致观察，进一步证实了我的第一印象。

生产线上，有用电钻在塑料零件上钻孔的人，也有找到钻孔进行组装的人，还有一点点移动起重机来让上槽和下槽对准位置的人，还有确认上下槽之间是否吻合的人，还有两只手都拿着工具拧紧、固定上下槽螺丝的人。总之，第一眼看到的就是工作人员非常多。

而且，他们的动作还非常多。不时要蹲下站起，还有扭转身子的动作，而且走动的步数也很多，好像在做体操一样。

我的直觉告诉我，这些组装过程中的繁杂之处正是净化槽多余之处的体现。作为年产量 4 万台的生产线，应该让工序更加简单有效。

通过开发企划书共享开发目标

我将问题总结后向销售部领导提交了报告书。

在我来到工厂第二个月的时候，花了将近一天的时间对净化槽进行了详细研究，通过在第 2 章介绍的发掘 PP（问题点）的方法找出了四五项降低成本的课题。然后再试着计算开发出实现上述所有项目的全新改款型产品后能实现降低多少成本。

根据试计算，预计可以达到以下几个效果：①零件总数量减少 50% 以上；②零件成本（变动费用）减少 30% 以上；③组装人员数量减少 40%。

将以上内容写进报告书提交给领导后，负责销售的干部马上命令我"继续进行技术指导"，当时我负责的自动售货机项目刚好实现了重大突破，所以有足够的精力从侧面支援净化槽业务。

负责该项目的开发团队，包括负责人在内只有寥寥数名。但是他们不是专门负责绘图的设计人员，而是兼顾生产技术的技术人员。其中只有两个人会画最重要的图纸。能将他们作为开发人员的技能提升到何种程度，对我的技术指导来说是一大考验。

开发全新改款机型的时候，关键之处不仅是降低成本，还有跟其他企业的产品相比，品质（包括功能和性能）能得到多少提升。开发的目标就如第 1 章所述，要给新产品提升 35% 的性价比（价格降低 15%+ 品质提升 20%）。

为达到这一目的，就需要我作为技术指导来理解消费者的需要，学会站在消费者的立场上判断产品的优劣。同时还需要在开发的时候看清至少三年后的市场动向，并在开发中予以体现。

我与开发团队的当事人反复开会进行讨论，听取他们积累的技巧和市场信息，在此基础上与他们共享我自己的降低成本的方法和目标值。正是因为与开发人员亲密无间、精诚合作，才最终实现了目标。

分别确认品质、成本和日程方面的目标值并加以整理，汇编成开发企划书。具体项目包括：①对事业与开发机型进行定位；②开发的目的与目标；③开发机型的概要；④技术课题与应对方案；⑤核算目标与成本降低目标；⑥新产品性价比；⑦开发日程与开发团队成员。

制作开发企划书的人并不是我，而是实际负责开发的项目经理。这个开发企划书被提交到企业管理层，只要得到管理层的认可，就可以开始实施项目。

降低成本的关键——空气泵的开发

最先进行的开发课题就是净化槽的心脏部位——空气泵的

成本降低工作。

一般情况下，净化槽的主体都是深埋于地下，只有窨井盖能从地面看见。唯一处于地面上的就是 24 小时一直工作的空气泵，通过向净化槽内输送氧气，用有机物分解其中的微生物。

空气泵有可用 4 ~ 5 年的活塞式空气泵和使用 2 ~ 3 年就容易出现故障的隔膜泵两种。当然，前者的成本更高，现行的净化槽中也以使用活塞式空气泵的居多。

开发企划书的目标是在现行空气泵的基础上降低 30% 的成本。我也在沿袭活塞式空气泵的基础上，计划在降低成本的基础上大幅提高品质，详细提案如下：

首先提高 50% 的耐用性，将使用年限提高至 6 ~ 7 年。接下来，将空气泵改为置于净化槽内部的方式，以减少在地面 24 小时工作带来的风险，既可以杜绝路人和小孩的恶作剧，也可以减少夜间工作噪音导致的投诉。

但是，这一方案却被开发人员驳回，因为"不太现实"。原因是空气泵都是从专门厂家采购，而这一领域是超出自己工作范围的事情。

为了开发全新改款机型，需要从消费者的角度出发对现有产品进行重新评价。在某些情况下，原有的采购零件也要采取自行设计的姿态。通过这个事情，我也深刻感受到，对于毫无此类想法和经验的人，仅凭语言是无法传达的。

"做给他看，说给他听，让他尝试。如果不给予赞美，人就不会行动。"

曾经在跟下属接触的时候深刻铭记的句子再一次浮现在我的脑海。在这里，我只能自己先"做给他们看"。想到这些，我马上开始着手进行空气泵的设计。

对现今采用的空气泵进行分解，绘制出详细的草图，在此基础上再想方设法绘制出可以达到前述开发目标的空气泵的详细图纸。

活塞直径 50mm、冲程 15mm、双活塞运行方式，出水量为 80L/min、出水压力为 $0.8kg/cm^2$。采纳了 20 多项新技术的全新构造，将零件数量从原有的 108 个削减为 60 个，减少了 44%，另外成本（变动费用）削减 32%。

10 月底前后完成了图纸的绘制工作，并提交给了开发团队。所有开发人员都被图纸所吸引，当时全场一片安静，没有一点杂音。我对新型空气泵所采用的性能、构造及降低成本的要点一一进行说明。结果得到了全体开发人员的一致赞许，并决定向制造商发出订单。

但是，没有想到的是，制造商一方的回应让我们意外碰壁。

因为制造商的工厂在关东，所以我返回到龙崎市后就带着图纸直接与对方进行交涉。没想到对方的回答是"生产量太少，而且还有尚未解决的课题，所以很难承接您的订单"。向对方详细询问后才知道，原来当时在空气泵行业围绕使用强力磁石的节能型机型进行开发，在全世界范围内的竞争几乎达到白热化，所以该制造商也把大部分的人员和资金都投入到了该机型的开发上。

小到用于金鱼缸的水泵，大到在医疗、环境、车辆、航空领域，空气泵行业拥有着无比广阔的市场。而如何敏锐地应对市场动向，成为决定事业发展的关键。

由于这个原因，我构想的新型活塞式空气泵就这样夭折了。

但是，跟这个制造商的关系，并没有因此断绝。我绘制的关于将自己企业空气泵成本大幅降低并加入新功能的图纸，得到了技术部长的青睐。所以他让我以"精工细作"为题进行演讲，面向大约 60 名开发人员和技术人员就"制造企业中的开发的重要性"进行了讲解。

尽管在最为重要的空气泵方面没有成功，但是开发人员看到我孤军奋战的样子，开始试着在其他方面进行摸索。于是，通过改善材质和结构，将隔膜泵的使用年限从 2 ~ 3 年提高至与活塞式空气泵的使用年限相当的水平，而且还找到了新的制造商，开发出来的新产品比原来的产品价格便宜 40%。虽然没有实现安装到净化槽内部的方式，但是通过采用新产品，空气泵的问题终于得到了解决。

追求超过国家标准的处理能力

想要使全新改款的型号得到十二分的肯定，最重要的就是对净化槽本身进行彻底的改善。这里我所追求的就是提高净化槽最为重要的功能标准，即增加处理生活污水的能力。

生活污水中含有大量有机物，利用微生物对有机物进行氧化分解的过程就是在净化槽内进行的。但是，即使是在进行了氧化分解处理后，水中仍然会残存一定量的有机物。这一残存有机物的量，用对其进行分解所需氧气量来进行表示。也就是我们所说的 BOD（生化需氧量）。BOD 的值用 mg/L 做单位，经过处理后的水质，该值越低说明处理得越干净。

按照我的计划，想要制作超过国家认定处理水标准即 20mg/L 的处理能力的净化槽。

比如汽车发动机的排气量限制，都由各国或国际机构对排放标准和达标期进行了明确规定。各个厂家都在为将达标期提前而相互竞争。因为，在环保技术方面的领先，会直接决定企业在世界市场的地位。

关于净化槽的制作也是同样的想法。听说在琵琶湖风景胜地所在的滋贺县和面朝有明海的长崎县、熊本县等自治体，都提出了比国家标准更为严格的环境标准。

我向设计人员提出方案，要求达到"将 BOD 的数值控制到 18mg/L，甚至 15mg/L 的处理能力"。如果这一要求能够得以实现，那么毫无疑问，将在市场上占据有利地位。全体人员也对此提案表示同意，马上就进入了实际开发的阶段。

面向年轻设计人员开展"精工细作现场学"的特训

为了实现超过国家标准的目标，就需要让各个零件的组合构造更加高效，制造出比其他企业更有优势功能、性能和品质的产品。所以有必要传授给开发人员常用的塑料零件所特有的设计技巧。

在进行类似全新改款机型的开发时，往往能够发挥出令人意想不到作用的，就是正处于成长阶段的年轻设计人员。在以往的工作中，我见到过不少年轻的设计人员通过在现场学习有关设计的技巧和智慧，产生了极大的兴趣进而迅速成长起来。

在进行净化槽部门的技术指导时，我就发现了一名这样的设计人员。他平时就对我所讲的内容有极大兴趣，而且也具备掌握绘制图纸的技巧。虽然讲话方式还非常青涩，但是对工作的态度确实让人感到非常可靠。

我最先对他进行指导的是关于净化槽转换阀门的更新设计。

塑料材质零件设计中，最为考验设计人员能力的就是如何不花费模具费来进行设计。为达到这一目标，一个基本的方法就是设计成类似烤煎饼或章鱼烧的上下两面的形状。如何在使用金属磨具时，将从三个、四个方向制作的零件设计成两分割形状，是其中的关键。

在这里可以发挥重要作用的就是"段引方法"，比如有栓销放入的圆孔，由于有其他形状，无法在圆孔的方向上将模具进行分割，这时可以采用使用两个圆孔半径大小的模具从两个方向插入的设计方法。

这样的手法，在学校是不会教的，可以说这就是文字意义上的"精工细作的现场教学"。而这样的技巧，本应该是在开发现场由前辈亲手交给后辈以继续传承的东西。非常遗憾的是，在当前的开发现场，这样的传统日渐式微。

我对自己赏识的那名开发人员开展了一对一的特训。但是，话又说回来，一个月一两次的技术指导，从时间上来说是绝对不够的。

于是，在技术指导的间隙，我让他将绘制好的图纸用传真发到公司或我自己家中，由我检查后再用传真返还给他。他果然没有辜负我的期望，水平一点点地提高起来了。

然后，大概半年时间过去了，他在绘制图纸的时候已经将"段引手法"运用得灵活自如。不仅如此，很多时候他还能提出不少令我也感到吃惊的新创意。其中，在开发新的转换阀门中，几乎所有使用到的零件中都加进了他自己独有的智慧和技巧，完美地攻克了开发课题。

通过两年半的技术指导完成净化槽的项目

接下来处理的是在提高净化槽处理能力时最为精细的一个零件。这个零件的材质是塑料，被叫作"担体"，每个净化槽里大概有 1000 个这样的零件。"担体"被放于污水处理的最后一道工序（消毒）的前一个工序的净化槽内，内部放置了可以分解有机物的微生物。大小约为乒乓球直径的 1.5 倍，与流入净化槽内的污水一起在净化槽内流动。

制作"担体"需要以下五个必要的技术条件：①为了使表面积最大化，需要使凸缘的厚度尽可能小；②同样需要使凸缘磨具的脱模斜度尽可能小；③比重是需要可以使其沿着污水的回流进行循环；④循环时"担体"之间碰撞的声音不能成为影响净化槽周围环境的噪音；⑤不易出现严重的老化、磨损或破损。

其中尤为关键的是为了提高污水处理能力，必不可缺的就是尽可能增加与污水接触的微生物的数量，这就需要在"担体"的形状上下功夫。于是采用了类似鱼鳍形状的薄膜构造，来尽可能增加"担体"的表层面积。

在"担体"的开发中，由我指导的开发人员发挥创意，不懈努力，做出了巨大的贡献。

但是，要将设计成果实际在生产线上进行生产，还需要找到在塑料材质及模具设计、加工、成形等领域拥有顶尖技术的模具加工工厂。于是，我向位于静冈县的塑料模具制造商协立会社提出共同开发的方案。这家企业在行业内算不上最顶尖，但是拥有独家研发的煤气喷射成形技术，而且在中国也有模具和成形的工厂，拥有进入国际市场的经验。

在与这家新合作的企业共同开发，进行反复试制和实验后，终于成功生产出新开发的"担体"。目前的产量已经达到每年约

4000 万个。这在久保田所有的产品中，大概算是产量最高的零件了。

就这样将众多零部件一个个地进行精心研发制造，终于完成了新净化槽的制作。而这时距离我第一次拜访净化槽事业部已经过去了两年半。

相比零件数量削减 50%、变动费用削减 30% 的目标值，最终结果为零件数量削减了 64%（不包括"担体"），但是总成本只削减了 22%。虽然花费了数亿日元的模具费用，却成功实现了极限利润率的目标。

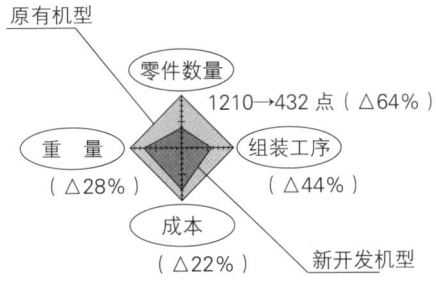

原有机型

零件数量

1210→432 点（△64%）

重 量

（△28%）

组装工序

（△44%）

成本

（△22%）

新开发机型

<实例 2> 通过发掘 IP 和 PP 起死回生的空调机事业

现有空调机是降低成本的宝库

接下来介绍的是通过贯彻发掘 IP 和发掘 PP 而实现新产品开发目的的空调机的实例。

2004 年 4 月，我当时正在对净化槽事业部进行技术指导。受负责企业经营的领导的委托，同时对空调机业务部进行技术指导。

空调机行业对我来说是完全未知的领域。第二个月，我来到位于宇都宫的工厂，通过参观、了解生产工艺大概掌握了空调机是什么类型的机械。

该工厂生产的产品以用于办公室、宾馆和公共设施的制冷制暖空调机为主，此外还生产用于医院、IC 工厂、研究所等洁净室的空调机。部门的总销售额不到 90 亿日元，累计赤字却高达 88 亿日元，迫切需要对业务进行彻底改革。

与净化槽相同，在实际对机械零件和生产工艺进行细致观察的过程中，发现了各种各样亟待解决的课题。

例如：零件数量过多；使用过多市面上销售的昂贵零部件；海外采购零件数量少；磨床加工工艺过多；两面焊接的点位过多；加工设备与技术陈旧；需要调整的地方过多；机器外观的

螺帽过多；焊接长度过长；机械加工工艺过多；双手使用螺丝扳子的操作过多；工作人员冗余等。细数起来简直不计其数。

我马上就发现，这里也藏着降低成本的宝库。

6月，工厂方面提出了具体的条件：①对主要机型进行降低成本；②启动降低成本的开发项目；③申请每月进行2～3次技术指导。于是我马上针对现场看到的现有产品发掘PP，详细列出了82项与品质、成本相关的课题，以及30项与图纸有关的课题。

这些课题，明确显示出与之前的亏损业务有着类似的倾向。由此，我判断现有机型可以把零件数量及焊接长度削减50%以上，机身重量可以削减30%以上，由此可以将全部变动费用削减30%以上。

通过观察与之类似的自动售货机来发掘IP

包括项目经理在内，负责开发的成员一共只有八名。仅仅通过听取他们对产品的介绍，就发现这八名开发人员无论是成本意识、降低成本方法，还是在绘图技巧方面都有着需要解决的课题。

第一感觉就是需要尽快引进第1章中讲述的DTC开发概念。尽管如此，仅靠每月2～3次的技术指导到底能够传授到何种程度，我也没有十足的把握。

经过对产品和工厂的大致观察，我已经发现了前文所列举的问题点。但是，同时也发现，问题的根本不仅在于开发人员，从操作工到工厂管理者，整个工厂的企业风气都对产生上述问题有影响。

于是，我想出了一个策略。

随着对空调机了解的深入，越来越觉得与我刚刚成功开发出的自动售货机新产品有着大量类似之处：①形状都是钣金成形的箱形，②箱身都是隔热构造，③都有可以打开的小门，④都有用于排风的风扇，⑤都使用马达，⑥都是用热交换器，⑦都使用滤网，⑧都易出现凝结水，⑨箱内噪音容易出现问题，⑩都是用变流器控制。

发现了上述的种种类似之处后，我让人将一台自动售货机运到了宇都宫工厂。

百闻不如一见。我这样做的目的就是让开发人员通过实际分解自动售货机来找出其中的 IP（感动点），让他们用自己的眼睛认识降低成本的开发到底是什么样的概念。

新空调机的开发过程中，我一直都未亲临一线直接指挥，从一开始就需要开发人员通过自己的双手和头脑来进行开发。而我所发挥的作用基本仅限于事先的布置安排，而正是这样的布置安排，可以说是让开发人员正视自己所要解决的课题并付诸行动的最快捷的方法。

自动售货机运到工厂后，全体开发人员马上开始进行发掘 IP 的工作。他们从空调机开发人员的角度出发，对自动售货机的各个部分进行观察，绘制出让人感动的零件形状和构造。这一工作的成果也大大超出了我的想象。

正是不同种类的产品才带来了更多的灵感

开发人员如果一直只看自己开发设计的产品，而不尝试新领域的事物，不知不觉间就会局限在原有的思维框架内。更为可怕的就是整个开发部门对此毫无觉察。

为了避免出现这种局面，就需要对不同行业的产品进行细致观察，比如发现和自己开发设计的产品使用功能完全相同的零件，却有着完全不同的形状和构造。以此给开发人员带来全新的刺激感。

比如，有一位开发人员在看到自动售货机上的门后，就甚为叹服。

这样的门无论是在空调机还是在自动售货机上，功能都是完全相同的。不过，空调机上的门上有三个竖排的开关控制杆。打开空调机的门时，需要一一操作这三个开关控制杆。与之相对的是，自动售货机的门则是只在右侧安装了一个开关控制杆。

开发人员看到这样的设计后大吃一惊。空调机的一扇门需要承受120千克的内压，按照开发人员的说法，三个开关控制杆是必需的。

自动售货机的门虽然不用承受内压，但是为了防止被盗，其实比空调机的门还要结实很多。自动售货机的内侧在三个位置安装有金属锁具。但是，这三个位置的金属锁具则是由带有钥匙的控制杆来联动控制的结构。只要操作一次控制杆，就可以将三个锁具同时解除锁定状态，从而可以将门打开。

开发人员看到这样的构造，颇为感动。

这是其中的一个典型例子。像这样将 IP 一一进行发掘的过程中，开发人员之间的新发现也不断出现。然后，由开发人员亲身找出的感动点，也为解决开发课题带来了不少灵感。

对此我也是深有感触。对于自己曾经花费心血、汗水完成的结晶，作为开发人员有着无比强烈的自豪感。当然，这样的感情并非坏事，可以说这是开发人员天生的重要秉性之一。

但是，如果这样的秉性给"本该可以制作出更好的产品"的想法带来哪怕一点负面影响的话，就需要加以改正。而发掘 IP 找出感动点的活动，就是在不知不觉间将这一界限告诉开发人员。

这种情况下，最为重要的观点就是站在消费者的立场，即如何制作出更便于消费者使用的合理的构造和结构。

前文列举的空调机门的开发中，开发人员之所以关注门的构造，就是源于这样的观点。因为，对于使用空调的用户或进行维修的工作人员来说，只要操作一次就可以将门打开的话，明显要比操作三个控制杆方便很多。

通过一年半的技术指导实现空调机的性价比提升 36%

通过反复发掘 IP 后，我根据发掘 PP 找出了与品质、成本相关的 82 项课题，以及与图纸相关的 30 项课题，并以此为基础制作出开发企划书。

这本企划书的概要也与净化槽项目时的企划书基本相同。当然，实际编写企划书的工作还是项目经理的职责。但是，问题是在空调业务部，以前就没有过类似的企划书，所以就需要从开发企划书的写法着手来进行指导。

在尚未正式着手开始设计的开发的最初阶段，如何使产品的形象更为具象化，需要在书面上体现具体的开发目标。这不仅对开发人员来说极为重要，也是为了与整个业务部门所有人员共享产品开发任务的至关重要的工作之一。

无论如何，在经过反复推敲，将 Q（品质）、C（成本）、D（日程）等各项目标写进开发企划书中之后，所有开发人员都表现出了非常积极的工作欲望。

被自动售货机门的构造所启发的开发人员，马上将其结构运用到了新空调机的开发中，考虑出了门上的开关构造。

其他开发人员也提出了与降低成本相关的若干个方案。比如通过采用钣金工艺，将外观制造成无框构造以达到表面不留螺丝帽的效果。此外还有将相当于空调心脏的鼓风机，从多叶片式风扇换成了耗能量更小的无壳风机，以此来实现大幅节省电量的目的。

经过历时一年半的开发，终于在 2005 年 11 月完成了最终试运行机型的制作。

以下是原有机型与新开发机型之间的数据对比：

	原有机型	开发机型(目标)	开发机型(实际)
零件数量	3667 个	1834 个(削减 50%)	1817 个(削减 50.4%)
焊接长度	31.5m	15.8m(削减 50%)	4.8m(削减 84.8%)
机身重量	857kg	600kg(削减 30%)	524kg(削减 38.9%)
成本指数(变动费用)	100	65(削减 35%)	64.3(削减 35.7%)
性价比提升度	0	35%	36%(超出目标值 1%)

经过全新改款，空调机的新产品于第二年，也就是 2006 年开始投产并销售。很快就接到了某汽车相关行业的大型电器装配公司为总公司大楼安装而一次性采购 150 台的订单，在市场上受到了相当的好评。

空调机技术指导

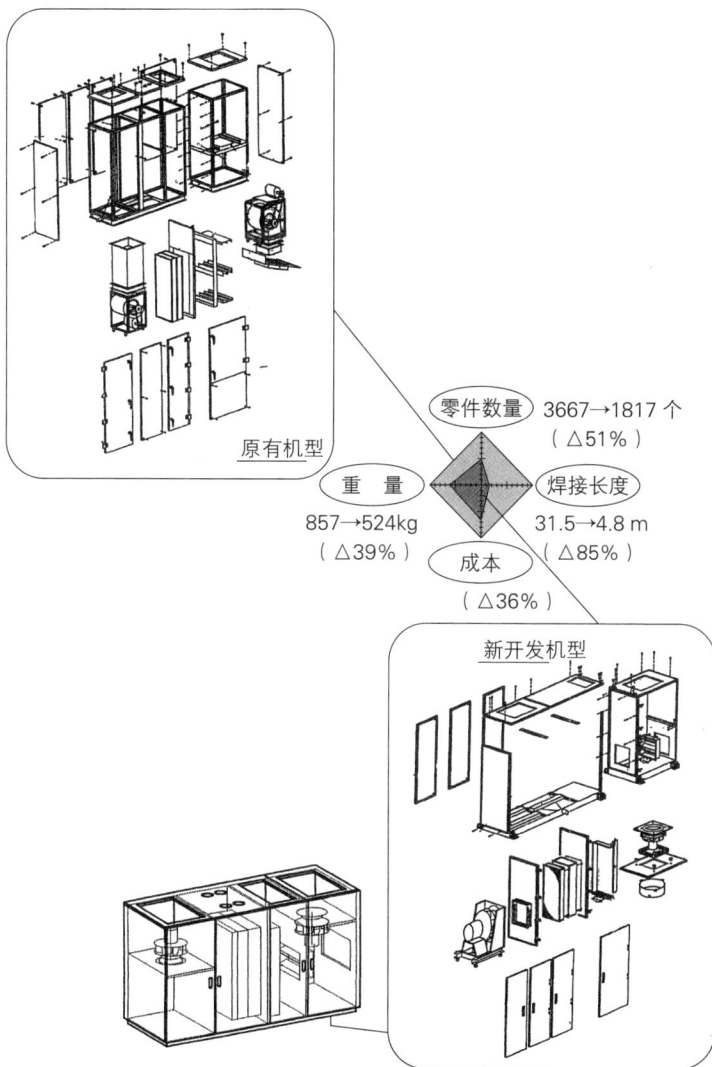

原有机型

零件数量 3667→1817 个（△51%）

重　量 857→524kg（△39%）

焊接长度 31.5→4.8 m（△85%）

成本（△36%）

新开发机型

075

＜实例 3＞ 支援大型联合收割机业务进入亚洲市场

通过降低成本迎接亚洲的价格竞争

最后介绍的一个实例是在海外不断拓展生产基地和销售途径时，实现了彻底的成本降低和品质提升的大型联合收割机的开发项目。

2004 年，我被委任去对尚处于研发阶段的、面向中国销售的大型联合收割机进行技术指导。

当时，久保田以亚洲市场为目标，正在苏州建设用于生产大型联合收割机和插秧机的新工厂。但是，决定市场成败的联合收割机的开发成本却是当地市场价格的两倍，实在是没有盈利的可能，所以迟迟无法正式投入生产。

于是我马上去看还在堺市工厂中进行开发的试验机型和图纸。该联合收割机用于收割海外常见的籼米（长粒种），收割的时候采用的是将稻穗连同稻茎一同割下再进行脱粒的作业方式，可收割的宽度长达两米，在联合收割机中也属于大型机器。

按照惯例，我向开发人员询问了关于各个零部件的功能和品质。

联合收割机的开发团队共有十名成员，其中以中年层的开发人员为主，团队有着一定的向心力。带领这一团队的负责人也是非常有能力且能平衡各方矛盾的人员，毫无疑问是企业值得信赖的类型。唯一算是弱点的地方就是缺少一些实际的设计经验，但是在与我接触的时候态度非常诚恳。

在看到试验机型和图纸的时候，第一感觉就是不知为何有很多浪费的地方。随着对各个部分零部件的认识的加深，我开始向负责设计的人员提出改进之处，共同考虑解决方案。

其中大部分内容，与之前介绍的实例基本相同，如以零部件减半为目标，对各个零部件的材料和加工工艺，及作用到零部件的力量进行研究并重新进行设计，以将成本降低到尽可能低的程度。将图纸放在面前向开发者提出一个个具体的建议，让他们切身体会成本降低的流程。

以油压阀单元的自主设计为突破口

另一方面，也有技术人员难以接受我的技术指导。但是，他是联合收割机领域的元老，本身拥有相当大的潜力。

在这样的情况下，这位开发人员在所负责的成本比重较大的变速器的开发中，对原有的做法格外执着，完全没有融入新想法的样子。对抱有这样态度的人员，每当有需要解决的课题，我就会从适合材料的加工方法和对成本的理解方法角度向其提出强烈建议。

由于无法一直在身边进行指导，所以在收到他绘制的图纸后，隔天用红笔进行修正予以反馈。这样的"指导"也反复进行了多次。对于对降低成本尚无头绪而大伤脑筋的这个开发人员，我也将自己绘制的变速器的计划图作为样本供他参考。终于，他开始一点点地掌握成本降低的技巧了。

但是，在变速器这一领域，还有一个亟待攻克的重大难题。在检查原有机型的图纸时，注意到变速器的外部有两块用虚线圈起来的部分。

在向开发人员确认时得到了下面的答复：那里是安装油压阀单元的位置，使用的是外部采购的由专门制造商设计的产品。于是我马上将制造商的负责人喊来，与开发人员一起向制造商询问详细情况。原来是仅将油压阀单元换成了体积稍小的型号，与我们想要的"零件减半、成本减半"的开发还相去甚远。

油压阀单元原本就是新产品开发中最为关键的部分，如果继续像以前一样进行外部采购，绝对无法实现显著的成本降低。油压阀单元的重要程度，与上文的净化槽开发实例中空气泵的重要程度几乎相同。

我无论如何都想让开发人员通过自己的努力来克服这一难题，于是跟他说：

"想要将成本降低到可以中国销售的程度，这个油压阀单元的设计只能由你这个负责人来一力承当。"

但是，他却以没有设计过油压阀为由非常坚决地拒绝了这一工作。于是，我只好劝说他，只要把设计图纸给我，就会指导其直到能够绘制出新的图纸。

对油压阀的图纸实际进行仔细观察后就发现，这不过是将别的机器上使用的部件原封不动地拿过来使用，很多地方都是联合收割机使用不到的，构造上也有很多不必要的浪费。根据我的直觉，只要将这些多余的予以清除，就可以将整个单元的体积压缩到原来的四分之一。

待我绘制出草图向他说明之后，他也终于变得积极起来，觉得自己完全可以胜任这一工作。他连续加班，终于绘制出了新油压阀单元的图纸。

这一图纸的效果已经足够让我满意。

按照新的图纸，不但可以实现"零件减半、成本减半"的目标，还大大缩减了零件的体积，更容易安装到变速箱内，漏油的风险也随之消失。

通过这一次的实例，我再一次深刻体会到开发人员通过完成未知课题可以大大提高开发水平。即使有相关人员手把手的指导，最终还是需要通过开发人员自己思考并亲手绘制图纸，才能获得真正的成长。

整个团队齐心合力开拓中国生产、泰国销售的新渠道

经过上述一系列的开发，最终完成的联合收割机大大超过开发的预期目标，可以说是划时代的新产品。最终实际达到的数据为：零件数量削减 55.4%、成本削减 50.5%，在此基础上处理能力、收割速度、发动机的输出等性能方面也提高了 62.5%。

并且，这一新型收割机，在面向亚洲市场推出后，还遇到了一个未曾有过的新情况。

就在我们殚精竭虑进行研发的同时，团队负责人也独自对亚洲市场进行了调查。

调查结果就是，尽管在数据上实现了预期目标的成本降低，但是由于各种实际情况，发送机、油压阀单元等主要部分无法实现当地生产，只能从日本进口。因此就导致联合收割机的销售价格略高于预期目标，需要开发出比中国更容易销售的市场。

在这样的情况下，团队负责人将目光投向了销售日本产拖拉机火爆的泰国市场。由于比在中国销售更为划算，结果就开拓出了在中国生产到泰国销售的新渠道。现在，销路不断扩展，该机型在中国市场和越南市场也成为畅销产品，事业规模也随之不断扩大。

在开发联合收割机这一系列的项目中的经验，我认为可以给当前因高成本环境、饱受日元升值压力的日本制造业如何在全球市场下生存提供良好的经验借鉴。

尽管收入水平低于日本，但是想要在人口众多且市场潜力巨大的亚洲及其他新兴国家扩大销路，就无法避开降低成本这一必要课题。此外，还要要求企业在功能和性能方面开发出使用寿命更长的产品。新型联合收割机的开发，正是将这样的课题一一克服后取得巨大成功的典范。

联合收割机的技术指导

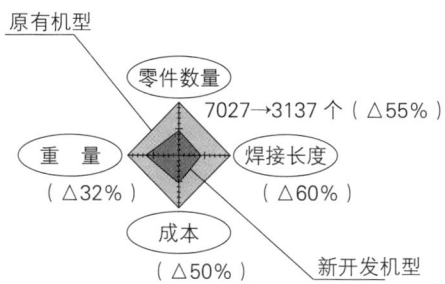

原有机型

零件数量
7027→3137 个（△55%）

重　量
（△32%）

焊接长度
（△60%）

成本
（△50%）

新开发机型

第4章

全日本的现场都是『宝库』

在这一章中，我会对现在正在进行的技术指导进行介绍。

虽然统称为制造业，但是行业不同，产品的规格、构造、使用材料和加工方法都有很大的区别。另外，不同产品开发所积累的传统、习惯和技术体系也各不相同。

其中，最为重要的是该行业所处的市场环境。

简单来说就是市场是否对产品有新的需求，还是原有市场在不断缩小。或者说是否面临在全球市场与世界范围内的企业进行的竞争，以及是否面临与中国等新兴国家企业进行的价格竞争。这些条件差异也会决定开发现场的整体环境。

每当我接受全新行业现场的委托进行演讲或技术指导时，都会切身感受到日本制造业所面临的困难重重的现状。

但是，产品本身亟需改善之处和生产产品的开发现场的问题，与久保田时期农机开发现场所看到的问题几乎大同小异。同时也深刻感受到所见之处都蕴藏着成本降低的"宝库"。

尽管如此，变革能否顺利开展，归根结底还是取决于不同的人构成的企业组织本身。根据不同开发现场所处的不同环境和条件，变革的努力和结果也会迥然不同。考虑到从开发到产品实际推向市场所需要的一年或两年，甚至有的产品需要的三年时间，发现问题只是这一过程的准备阶段。

为了实现我所期望的"零件减半、成本减半"这一目标，还有重重困难需要克服。

为了表示对邀请我进行演讲或技术指导的各位开发现场人员的敬意，并为各位读者带来更为切实有效的抛砖引玉的效果，我在这一章中特意将目前正在进行的项目忠实地予以报告。

＜实例4＞印刷机械中蕴藏的巨大宝库

未知的大型机械中包含的成本降低的无数课题

在自立门户成立咨询公司后不久，我接到了一个电话。打来电话的是某印刷机械制造商的经营管理层。

"我拜读了您的著作，非常佩服您的观点并且受益匪浅。突然给您电话非常不好意思，其实我们工厂的经营状况也不容乐观，务必请您光临鄙工厂，观察现场后对我们企业进行降低成本的指导。"

我马上答复表示愿意接受。这是公司成立后的第一桩生意，没有任何拒绝的理由。于是我马上出发到位于关东的工厂进行协商。

工厂建在一块宽阔的土地上，全新的厂房全长将近300米。但是，进入工厂后我发现，尽管是工作日，宽阔的停车场内停着的汽车却寥寥无几。于是我问陪同的人，难道今天没有开工？原来那周工厂都没有开工，只有办公室的人来工厂。从这里也可以看出经营管理层电话里说的"不容乐观"确属实情。

进入到工厂内的会议室，管理层已经如数坐成一排，空气中甚至闻到了紧张的气息。打完招呼、交换名片后，就直接由跟我打电话的经营管理者对当前情况重新进行了说明，并根据现实情况列举了想要委托我进行技术指导的事项。

在对印刷机械进行实地观察时，我发现机器本身大到需要仰视才可见全貌。

据带我参观的人介绍说，印刷机械有可以印刷在卷筒纸上的轮转印刷机和印刷在切割成单张纸上的胶印机两种。轮转印刷机宽约 3 米，可以将宽幅为 1.2 米的卷筒纸直接从机器中通过进行印刷。机器全长可以根据印刷色数的数量进行调整，六色印刷的时候最长可达 25 米。

一边听工厂的人解说，我一边不由得为机器的庞大感到震惊，甚至心生一丝怯意。胶印机的生产线上摆满了正在组装的机械零件，马达、轴承、齿轮、油墨滚子、链杆、构架、操作踏板、外壳、电器元件等，机器还是刚组装到一半的状态。

在对产品进行降低成本手法的技术指导时，我一般都是在与使用该产品的客户进行接触后，将市场、产品、图纸、成本、技术等"五个方面"作为必要功课进行研究。但对于眼前这个巨大的印刷机，能否进行这样的指导，我心中有一丝不安。

打开水银灯对机械内部构造和零件的细节进行细致观察后，我的这份不安渐渐远去。接下来看到的就是机器里的各种无用之处和不够完善之处。

为什么还采用这么陈旧的构造？为什么连这样的地方都要进行加工？为什么使用的零件数量如此之多？为什么需要调整的地方如此之多？

螺丝和螺帽的数量过多，而且要拧紧螺丝就得双手使用工具。机器整体构造复杂得极其不便于进行维修。机器上的突起部分从使用者的安全方面来看实在过于危险。整体外观也不够美观。

通过这些问题就可以看出，印刷机械中也蕴含了精工细作的基本课题和降低成本的可能，称之为"宝库"也毫不为过。

越是不景气的行业，越可以对领导层直言

对工厂情况进行观察后，我与相关人员重新回到会议室内。再次见到工厂的领导层时，我毫不掩饰地将自己看到的和感受到的说给了他们：

"可能听起来有点夸张，贵公司机械的成本构造完全落后于这个时代。只要看一眼就能发现，其中包含了太多不必要的浪费之处。而公司管理层竟然毫无察觉，我觉得这才是公司最大的危机。"

我的说法非常不客气，但是工厂的领导对此并没有予以反驳。相反，对于我的指责，他们都一一同意并表示接受。

接下来，工厂的经营干部当场委托我"请务必向我厂提供技术指导以开发全新的机型"。从其严肃的表情中，甚至可以感受到从美国次贷危机到经历雷曼风波，受到被称为百年一遇的全球经济大萧条影响的设备产业经营所面临的困难程度。

自从 1440 年古登堡发明印刷机以来，人类可以更加便利地

学到知识和思想，而且也为这些知识和思想在全世界范围内的传播做出了巨大的贡献。毫不夸张地说，如果没有印刷技术的普及，就不可能构建出人类文明和科学技术的基础。

但从电子计算机问世，到电脑和手机在全世界范围内普及，人们逐渐远离书本、远离铅字，因为人们不只能够通过图像和声音来传递信息，而且已经拥有了可以在瞬间交换文字信息且随时携带在身边的各种手段。毫不夸张地说，我们用来传递信息的方式发生了天翻地覆的变化。

在这样的社会环境下，对于纸媒体的需求日渐缩小，报纸行业、出版行业、印刷行业为了各自的生存而努力采取各种手段。而这几个行业对于印刷行业来说又是仅有的几家客户，所以印刷机械制造商所面临的困境也就可想而知了。

但是，对于印刷这个拥有如此悠久历史、在当今时代变迁中处于劣势状况的行业，我希望为印刷机械的开发贡献出绵薄之力。为了能从客户的角度出发，对这个宝库中的一个个问题加以改善并取得事业成果，现在我每个月都要来这个工厂进行一次技术指导。

因机器庞大、人数众多，改善的路途更漫长

但是，机器的体积实在是太大了，甚至让人无法判断最先应该从哪里着手。另外，实际开始进行指导后才发现，尽管事先有一定的心理准备，但是印刷机本身是按照不同部分由不同

开发组来完成的，所以还未对机械的整体充分把握就已经开始了指导工作。

尽管如此，这个机器仍有着自己的优点，比如六色印刷的时候，各颜色部分都是由相同构造连接而成的连续的系统。只要搞清楚一种颜色的结构和构造，基本上就可以掌握整体的构造。

目前为止，按照机器的不同部分分别进行讨论，已经讨论完毕的部分，虽然尚处于草图的状态，但是已经全部达到零件减半的目标。只要零件数量减半，成本（变动费用）自然就可能减少 30% 至 50%。减少的部分可以当作增加新功能或提高性能所需的费用。

最重要的是，通过减少零件数量可以减少零件加工和组装的工作量，更加有效地对人员进行充分利用。另外，减少零件数量，还可以降低因为人工操作导致的品质不均，从而提高产品的质量。

但是，想要实现让开发人员在充分理解的基础上绘制出图纸，并实际运用于新产品制造的目标，似乎还有一段很长的路要走。

负责这一印刷机器的开发人员共几十人，而我每月一次的技术指导只能接触到其中的一部分。

比如这个月对某一个部分进行技术指导，下个月就会对另外的小组进行指导，再次对同一个小组进行指导大概需要两三个月。这也是因为团队人数太多采取的不得已的办法，从保持指导的连续性上来看，很明显是非常不利的。

无法把控整体印象和战略进行实践的困难之处

谈一点亲身体会，那就是在印刷机器这个庞然大物面前，我确实感受到了不小的压力。

此前我经手开发的拖拉机、插秧机、自动售货机等产品，都是在充分考虑机器整体的理想构造后，按照最为合适的形状对每个部分进行开发。也就是说，想要实现降低成本，必不可少的就是要掌握产品的整体形象。

但是，这次所接触的印刷机器，现有构造都是经过历史上多次增加功能而形成的。从规模上来看，不是我这个门外汉一朝一夕就能对整体形象把握得了的。

此外，还有一个问题是，农业机械开发时的一个重要的步骤，即机器整体的试制作和测试无法简单地完成。

当然，也因为印刷机体的体型庞大，即使是在经济繁荣时期，印刷行业还欣欣向荣的年代，也很难实现机器的量产。一般是只要卖出去一台，就能得到较高的营业额。然后就是以机器交货后的运行状态的跟进及维护为主，这似乎也是一直以来的营业模式。

所以，开发现场的重点是如何围绕客户，也就是印刷工厂的需求来提高性能和功能。

不只在印刷机器行业，在需求高速增长的经济成长时期，这大概也是整个制造业的缩影。在那样的时代，哪怕成本稍微多一些，只要机器的质量过硬，在设定价格时候将成本和利润都加进去，销路也会顺畅。

但那样的时代已经一去不复返了。给我致电的那位负责经营的干部，恐怕也是处在既对这种状况深刻理解却又束手无策进退维谷的苦闷之中。

但实际上，现有的机器在积累了性能和功能的同时，也堆积了一些多余的地方。恐怕这也是其他各种制造业中一个常见的通病，是亟待解决的课题。

在之前进行的技术指导中，我有着绝对的自信可以从任何地方开始着手，但这一次在印刷机器这个成本降低的宝库面前，居然在开始之际就有些动摇。每月一次的指导，到底能在多大程度上将这座宝山变成宝贝？

要从整体印象上对机器进行把握并确立开发革新的项目，从主要部分着手降低成本，如果不事先计划好战略，就会影响直观效果。

虽然降低成本的目标还没有实现，但只要有足够的耐心，我相信很快就会看到切实的效果。

＜实例5＞挑战体育场里的可移动式座椅

洋溢着经营干部热情的来信

大概在收到印刷机厂家电话的同一时间，我还收到了一封来信。这封信来自某大型家具制造商的经营干部，信的内容给我留下了深刻的印象。在信的开头，他是这么写的：

"突然去信，多有失礼之处，还请多多包涵。昨日在赴大阪出差途中，有幸于东京某书店内邂逅大作《成本下降、质量提高》，在开往大阪的新干线上拜读后，满心兴奋之情，一夜未能平复。"

据信中介绍，他们工厂是创业近百年的老牌企业，现在制造并销售在公共空间使用的家具。长年来，作为行业的领军企业维持了较高的市场占有率。但最近几年在产品开发方面开始走下坡路，开始被竞争对手超越。两三年前开始，工厂致力于事业的转型调整，虽然有一定的成果，却赶不上全球化进程中所要求的升级和速度。

来信的结尾还写道："不管以何种形式，请务必向我们的开发事业伸出援手。为此，特致信与您。另，由衷地希望能与您会面详谈。"

读完来信，可以清楚地看出，这位经营干部对自己工厂经营的课题及为解决这些课题在开发现场必须贯彻的成本降低的重要性都有着非常清晰的认识。

信中甚至有"致力于加拉帕戈斯化的意识改革",可以看出其为了改变模式化的旧有开发手法而苦思竭虑的样子。当时有一本书叫作《加拉帕戈斯化的制造业》,大概这个经营干部也担心自己工厂的开发现场落后于世界技术创新的步伐,最终成为市场上的孤岛。

我马上给这位干部回信,很快得到回信并前往拜访了工厂的东京总公司。

东京总公司位于东京最好的地段。公司的大楼也非常雅致,处处彰显着百年老企业的底蕴。

被引至贵宾室后,我环顾墙面上镶嵌在玻璃内的展览板,发现全都是设置在剧场和体育场里的椅子的照片,不由得纳闷,怎么哪都看不到机械的影子?我这个做机械的能为家具制造商做些什么呢?

通过与给我写信的干部及其他公司领导层的面谈,终于开始模模糊糊地认识到两者之间的共通之处。我先请对方带我参观了实际的产品。

被带到产品展览馆后,看到了布置成上下两层用来展示的约100把剧场椅子。

当我转到上下两层展台的后方时,不由得睁大了眼睛。因为这里设置了大型的电动装置,这个装置由方形钢管、槽钢和角钢等焊接构造材料组成，用来将上下两层所有的椅子推出、收起。外表看起好像只是一排排在一起的椅子，但只要按动一个按钮就可以将椅子从收纳空间内移出或收回。看到这里才发现，原来这个果然属于机械的范围。

在剧场或多功能大厅等会场内，如果安装上若干个这样的座位的区块，就可以同时控制上千个座位。规模更大的设施，如琦玉超级竞技场内，则可容纳5万多个座位。其中机械的规模之大可想而知。

我被对方的热情所感动，决定接受这一委托。

在设置可动式座椅的大厅内细致观察

如果仅从规模来看，这个可动式座椅甚至比前文中介绍的印刷机器还要大。听工厂方面的介绍，将座椅实际安装在现场之后，往往还会根据施工方等各个方面的要求进行设计方面的调整，甚至可以说一定会出现需要调整的部分。

比如在新建剧场或竞技场的时候，先建成整体的框架，然后建设舞台和运动场，最后安装的才是座椅等设备。因此，必然会受到前期工程的各种影响，出现与最初计划大相径庭的变化也是理所当然的。

最初我在展览馆内看到的上下两层的100把可动式座椅的样本也还不是最后的成品。需要根据待设置场地的环境和条件对零件和结构进行调整，有时可能还需要边调整边进行整体安装，然后产品才能算作真正完成并交付。

由于这家家具厂生产的是面向公共空间的产品，与设置地的融合是重要要素之一。考虑到这一点，我决定从实际座位设置现场开始技术指导。

这是因为，平时我都是从"面前放着图纸和产品，耳朵听着负责人说明"开始的，但这种情况下，我认为去现场掌握产品运行的第一手实况是先决条件。

我前去的现场是已安装好可移动式座椅的某文化会场。宽敞的会场里来观摩的相关人员多达数十人。首先听取负责人就功能及整体构造、可移动构造进行的整体说明，以加深理解。然后细致观察座椅，找出我认为存在的问题。

以"理想机型"为目标做减法

这个产品的卖点，归根结底还是在于大规模的可动式构造。

所以，在将座椅收纳起来的时候，首先需要将座椅的靠背放倒，以使其降至可进入收纳仓库的高度。按动按钮，就可以带动座位下方设置的链条，座椅的四条腿在链条的作用力下让靠背放倒，同时进行收纳。这就是可动式座椅的结构原理。

而带动链条转动的原始动力就是电动马达。有两个大型的马达用于将座椅从收纳空间内推出，此外每四把椅子还各配有一台小型的马达，用来将每个椅子的椅背放倒。

凭我的第一感觉，这里应该是可以进行成本降低的地方。

比如可以使用大型的马达来带动链条，在此基础上制作出使用马达的余力来依次将椅背放倒的结构。如果这样的话，只需要一个大型的马达即可。

继续进行研究，就发现将椅子推出、收纳的链条部分的功能和重量可能还有改进的余地。比如使用和消防车上的梯子所类似的利用钢丝绳拉伸构造就可以推出、收纳。

比上述内容更为详细的方案，则因为还是处于开发之中的案例，所以不能予以公开。但是，可以确定的是，这款产品中还留有很多类似的激发一个个创意的可能性。

在这里希望各位读者回忆一下第 1 章中阐述的，从"理想机型"出发进行考虑，尤其是通过做减法的方式来进行考虑。

首先实现大幅成本降低，然后不能降低产品的功能和操作性。甚至，还要有提高性能和可操作性的可能。这里所谓的做减法，就是与降低成本的效果相辅相成产生的附加价值。

可以说，从"理想机型"出发，或者以"理想机型"为目标来考虑开发目标，是制造企业开发革新和事业革新的基本出发点。

与开发人员产生共鸣的基础上开始的成本降低

每当我提出一个新的创意时，开发人员一般情况下都会发出吃惊的声音。然而这个时候基本都还是疑信参半的声音。但是，在等我将草图绘制出来给他们看的时候，怀疑的声音就马上消失得无影无踪了。

经常会有人向我提问，为什么你第一次看到产品的时候就能马上看出需要改进之处，并能用草图将其绘制出来？其实我也很难讲清其中缘由。

我对"精工细作"确实有着一种类似标准或规范的尺规。我可以肯定这是源于长年来在开发现场经验的积累，但是想要用一般论的方式来明确讲出来确实非常困难。

不过，在观察、研究各种产品的过程中，总有一个瞬间会发现产品的构造或零件使用方法、加工方法与自己所掌握的"尺规"有着明显的差距。于是，马上就会不由自主地有另一个想法浮现在脑海，那就是"想要填补这一差距最好使用这样的具体改善措施"。

我所进行的技术指导的线索，单纯点说都是来自这样一个过程的反复。

当然，我所说的具体改善措施，指的就是可以实现采用通过零件减半来达到成本减半的简单构造。而之所以能够想出这样的改善措施，大概是基于之前产品开发或拆解其他公司、其他行业产品所获得的经验，不知不觉在大脑中积累起来。然后从这些积累的经验中去探寻这个创意如何，那个方法是否可行等，从中找出最合适的方法。

在此期间，我会向开发负责人反复询问一切有疑问之处。因为，我最想掌握的就是想象出客户会如何使用产品。也就是说，为了更好地满足客户需求，就要掌握对什么样的部分进行什么样的修改。

站在用户的立场和角度重新对产品进行审视，这样的工作无论做多少遍都毫不为过。而对于开发人员来说，与用户进行这样的沟通是解决课题的关键。

经过这样的过程之后，我才开始了将想法用草图绘制在白纸上的工作。在让开发负责人亲眼看到绘制的草图之后，他们的神色很快出现了很大的变化。

在进入实际的技术指导之前，以"零件减半、成本减半"为题进行演讲的时候，技术人员还都只是为其中的创意而感到佩服的程度。但是，当我通过草图进行具体说明时，他们的眼神大都是如同看到魔术表演般的惊奇。其中也会有人露出茫然表情，似乎看到了之前从未想象到的东西一样。

"原来如此，零件减半、成本减半就是这么一回事儿啊！"

接下来，开发人员的态度就会不断变得更加积极，主动利用这样的共鸣来致力于新产品的开发。

经营层的意志与开发人员的觉醒是打破壁垒的关键

就这样，我在这家家具制造工厂技术指导一步步地推行起来。

具体的方案因为产品尚处在开发中，所以在本书中无法公开，但是目前正在进行的项目就是在现行产品的基础之上全面重新考虑以达到降低成本的目标。

由我进行的技术指导为每半月一次，但是在当初亲自给我写信的经营干部的号令之下，现场呈现出一副举全公司之力灵活运用我的指导方法的态势，每个开发人员的反应也都非常迅速。为了使技术指导的效果更好，不能只向技术人员传递信息，更为重要的是要能够同时确认被指导一方的接受程度。这是非常重要的一个环节，这个环节也进行得非常顺利。

每当我去进行技术指导的时候，就会有半个月之前接受过指导的小组来给我看试制作的机器，或者是进行中间报告会由各个小组分别通过图纸来介绍如何运用接受过的指导来达到降低产品成本的目的，即集体分享对研究课题的成果。

在这位经营干部的大力推动下，全公司都团结一心。如果能像这样由领导层主动倡导改革，并对员工发出命令使所有员工团结一心，那么技术指导的成果也会截然不同。这也会如实地反映在开发现场的每一名开发人员的精神状态上。

如前文所示，因为这一项目尚在开发之中，所以不能详细叙述。但是，在举现场全员之力进行彻底的改进之后，与现行产品相比，预计可以削减 50% 以上的零件数量。

能够做到这一点，毫不夸张地说都是因为开发人员自身意识彻底改变，认真接受我的技术指导的结果，也是他们打破了自身固有观念壁垒的结果。

其实，这一家具制造厂商的成果还带来了意想不到的收获：

在可动式座椅之前，已经诞生了开发完成并预计进行量产的产品。

那就是每一部分由 50 个左右的零件组合而成的提供给学校等单位的产品。这一产品也同时进行了降低成本的改革，虽然比可动式座椅的规模要小很多，但是已经进行了两次试制并提前实现了开发目标。

根据最终开发成果，原本零件数量为 50 个，实际上成功削减 56%，变成了 22 个。而且外观的质量和耐久性能方面也成功提升 20%。

担任此项工作的是年轻技术人员。刚开始进行技术指导的时候，他们都还需要从如何绘制图纸开始学起。在个人的不断努力下，他们将我教给的东西转换成个人能力，并成功绘制出可进行商品化的图纸。我觉得这才是最有意义的事情。

<实例 6> 三厘米的笔记本电脑铰链也可以做到成本减半

为了在全球化价格竞争中生存

前文介绍的都是印刷机器、可动式座椅等大型产品的开发情况。此外，我还曾经受邀对非常小的产品进行过技术指导。

那是来自一家专门生产用于笔记本电脑铰链的制造商的邀请。铰链是用来连接笔记本电脑的机身和盖子部分的类似合叶一样的东西。笔记本电脑的机身内置有 IC 主板等精密元件，外部有键盘。盖子部分则有液晶屏幕。这样的部位使用的铰链最大直径为 5 ~ 8 毫米，长度约为 3 厘米。

这家制造商位于冬季多雪的陆奥之地，他们通过我在久保田时期有过业务往来的某家电制造商的经营干部向我发来邀请。从伊丹机场乘坐飞机，抵达当地后换乘本地列车，花了半天时间才赶到对方的工厂。

这家工厂只生产这种小小的铰链，年营业额大概是 5 亿日元。到达工厂后的第一感觉是工厂规模很大，员工以女性为主，在她们灵巧的手下生产出一个个产品。可以看出产品的旋转扭矩处理上也下了相当的功夫，这在管理工艺中随处可见。

马上就有人将我带到了开发部门。为了让我对产品有更好的理解，已经有人事先将组装好的产品和未组装时的零件、组装图纸和零件图纸准备好，甚至还有一份详细的成本明细单。包括社长在内的整个厂家对降低成本的热情高涨之势，从这里可见一斑。

接下来，由专门人员向我说明现行产品的功能和品质，并介绍了产品实际安装在笔记本电脑后如何工作的情况。

最近的铰链大都是无闭锁式铰链，将有液晶屏幕的盖子部分向键盘方向折叠时，在即将合上的瞬间，铰链的力量增大使盖子自动闭合。这样就不需要以前的锁定装置，打开电脑和关闭电脑都只需要一个动作即可，更加方便用户。

为了让铰链具备这样的功能，仔细观察就会发现铰链上有凸轮状的结构以使铰链有发力加快的感觉。这样一来，尽管铰链的体积很小，其构造却颇为复杂。

这一制造商的产品质量一直深受好评，多家世界知名笔记本电脑制造商也一直从该厂订购大量产品。但是，最近几年笔记本电脑行业的价格竞争白热化，甚至出现了低于5万日元的产品，所以笔记本电脑制造商对成本的要求也日益严格，越发倾向于从全球化的视野来采购零部件。

在笔记本电脑不断轻薄化，全球价格竞争加剧的大环境下，如何能在比以前更有限的空间内保持稳定的旋转扭矩，以及如何生产出比其他厂家更加廉价的产品成为亟待解决的课题。在短时间的说明中，厂家开门见山地进行了阐述。

表面处理加工工艺决定成本降低的可能性

对产品和图纸进行观察后，我马上按照 10 倍比例绘制出了产品的草图。直径仅有 6 毫米，长约 3 厘米的一对小小的铰链，目前的产品却由 28 个零件组合而成。

这样的情况下如何来绘制新的图纸呢？我依然以零件减半为目标，在产品质量方面，通过向固定一侧和旋转一侧的接触面施加轴方向的弹簧的力，通过反复试验来确定如何维持旋转时的反作用力，并将其绘制出草图。最终发现可以将零件数量削减至 16 个（削减 43%）。

铰链使用的材质是强度和耐腐蚀性能都非常优越的不锈钢。在实际使用的时候，会使不锈钢的表面互相接触并给表面一定的压力以获得较大的摩擦力，这时需要特别注意材料的磨损和烧焦。

在反复进行开合的时候，摩擦面会出现磨损，导致旋转时的反作用力降低，同时也会因为摩擦生热使不锈钢烧焦粘在一起，最终使笔记本电脑的盖子无法完全闭合。比较理想的是将不锈钢材料替换为不易磨损、不易烧焦的钛合金。但是这种专业材料，无法实现大量采购，此外出于成本考虑也不太现实。

因此，如何改进对不锈钢表面进行加工处理技术，成为讨论的焦点。

这个问题从专业角度来看属于摩擦力学的范畴。摩擦力学是专门研究金属之间互相接触转动时表面所出现的摩擦、损伤及润滑等现象的科学领域。

原本此类金属的摩擦面，一般都会使用常见的磷青铜等摩擦材料。但是，从成本方面考虑，磷青铜已经不再是最理想的材料。目前使用不锈钢材料的厂家越来越多，但是在金属摩擦面的处理上还有需要解决的课题。于是，将不锈钢摩擦面处理得细度更高且更为均匀，然后在进行真空淬火的一面涂上二硫化钼等润滑剂，这样就可以提高两个摩擦面之间的磨合性。真空淬火可使不锈钢的摩擦面形成比内部更厚的层，避免出现因摩擦生热而烧焦的现象。

但是，我还要继续考虑能否找到更好的表面处理方法。

突然，一个方法闪现在了我的脑海之中。那是我乘坐新干线的时候偶尔读到的一篇文章中所介绍的方法，也就是应用于飞机零部件生产的等离子表面处理和氮化处理法。前者是在零下700摄氏度的低温状态下让碳纤维进入到不锈钢表面，后者则不使用碳纤维而是使用氮素化合物使其附着在表面，以提高不锈钢的硬度。

在这篇文章给我带来的灵感的基础之上，我想到了一个主意。虽然距离实现实用化还有相当多需要克服的课题，但只要能够实现我的这个想法，性能和功能方面自不必说，就是成本降低方面也会获得巨大进展。我个人认为非常有进一步探讨研究的价值。

首先可以肯定的一点就是，可以得到比现在使用的铰链的摩擦系数更为稳定的接触面。此外，此前在表面处理中一直使用的润滑油有可能不再需要。这样就可以避免出现因润滑油用完而导致的不稳定，而且因反复开合导致不锈钢表面的老化现象也得到了显著改善。采用新方法的铰链耐久性更为提升，而且也为笔记本电脑机身向更轻薄化发展提供了可能。

此外，因为新开发产品的零件数量预计大幅减少，所以还可以在相当大的程度上减少组装所需的工序，也使成本降低成为可能。

因为产品目前也还在研究开发之中，在此不便进行更为详细的说明。但是，这却是一个相当值得期待的开发项目。

类似这种专门从事特定零件生产的制造企业，一个最大的优势就是，公司领导的想法可以在第一时间贯彻到员工层面，灵活机动，可以举全公司之力向同一个方面努力。产品本身也很简单，课题明确，更有利于全体成员的共享。

我在久保田那个大企业的时期，就多次因为这样的中小企业的灵活反应而受益。这也正是在日本经济高度成长期，无数中小规模的零件制造商成为支撑经济发展中坚力量的原因。

事实上相当一部分的开发人员对成本不了解

印刷机器、可动式椅子、笔记本电脑铰链，产品大小不一、品种各有不同，这是我目前正在进行技术指导的开发现场的情况。为了尽量避免给对方造成不必要的困扰，我将关于成本降低的尝试内容控制在了最小范围之内。

但是，无论我如何向对方介绍关于降低成本的技巧，无论对方如何对我的指导产生共鸣，想要实现真正的成本降低，最终还是要依靠现场的开发人员。

此外，各自项目的进展情况，也会反映出各自企业的企业文化、经营状况、市场动向等。从这个意义上来看，在现在这个节点上，哪个企业领先，哪个企业落后，完全不是问题。

首先我想让大家注意的一点就是，为什么对各种各样的产品，我这个非专业人士反而能看出在构造和零部件方面的多余之处。

将根据自身常年经验培养而成的观察图纸和产品的眼力之类的说法放到一边，这里我们先从各自产品的角度及设计产品的现场的角度来进行分析。

我认为其根本原因就是开发人员不懂得考虑成本，在没有对成本有所了解的情况下就进行了产品设计。

关于成本计算的事情，一股脑儿丢给专门负责成本管理的部门。负责检查图纸并判断是否通过的开发现场负责人，只要做法与过去自己的做法一样就大笔一挥予以放行。在这样的习惯之下，即使脑子里清楚成本的重要性，还是禁不住优先追求性能和功能，成本则只能成为工作完成后的最终结果。

在第1章中，我已经明确阐述，成本降低最为重要的就是在QCD的先期管理中为达到预定目标而进行的努力。这里再赘述一遍就是，开发人员为了满足品质（Q）中的性能和功能，以及预期目标的成本降低（C）、开发日程（D）三个条件，需要以成本为顶点，与品质和日程连起来绘制成一个正三角形，需同时对这三项予以满足。

在进行技术指导的不同现场，产品开发的行业完全不同，一开始还为自己的技巧能否有效而感到不安，但令人吃惊的是，我所发现的课题和找到的解决方案几乎一致，也从一个侧面说明我的这一手法尚且有效。

在实际的开发中，最为重要的成本被放置一旁，一味追求产品的品质，追赶既定日程，这几乎是开发现场的通病。无论如何都无法实现降低成本的目标，这是在高度经济成长时代大背景下市场不断扩大给产品开发留下的不良遗传因素，对此应重新予以认识。

将宝库真正变为宝贝

除了上文介绍的三个具体实例外，我还曾经有幸参与过各种制造商和中小企业的精工细作现场的开发工作。

最早向我递来橄榄枝的是开发生产集成电路晶片装置的某制造企业，当时面对约 100 名开发人员进行了演讲。此外，还有知名医疗器械（MRI/CT）制造商、液晶屏幕（手机用）行业中品质领先世界的制造商的主要工厂、多功能打印机的大型制造商也向我发出邀请给他们进行技术指导。

此外，还有一些不太寻常的客户邀请。如我曾经收到过生产火葬场专用的遗体运输车生产厂家进行技术指导的邀请，而且目前仍在进行之中。最初只是委托我进行运输车的技术指导，在进行指导过程中，厂家又提出希望能帮着看一下包括火葬装置在内的火葬设施的主要系统。

此外，中小企业和大学合作进行的花洒开发项目也希望我能给提一些意见，从事飞机和船舶行业的某综合机械制造商邀请我面向全国各地主要的分支机构，通过电视会议进行演讲。

在联欢会上，我以《精工细作把握时代》为题进行了演讲，之后还与各位社长广泛交换了意见。其中给我印象最深刻的就是，发现大家对东大阪中小企业现状抱有极大兴趣。

最近，曾经开发制造小行星探测器"隼鸟号"上的时间舱的宇宙航空器制造商也邀请我进行了演讲，此后还开始了协助与火箭相关机器的成本降低工作。在那里，研究宇宙的"最先进的技术"也与我的"精工细作"有了完美的结合。

就这样，自我成立咨询公司以来仅过去了两个年头，我已经走遍了全国各地各种各样的精工细作现场，也接触到了以各种各样的形式从事精工细作的人士。

独立伊始，我还为自己的技术能在未知的精工细作的现场发挥出多大的作用而惴惴不安。实际到了现场用自己的双眼来观察时就会确信，这些被要求提出意见的每个问题，都与久保田时期所解决的问题几乎相同。我甚至有一种预感，今后才是我真正发挥出应有作用的大好机会。

但是，从另一方面来看，却让人的心情颇为复杂。在这么多的行业内，不计成本的产品开发居然已经常态化。长此以往，日本制造业的未来令人无比担忧。

但是，在进行技术指导的现场，看到开发人员不断成长变化的样子，也颇令人深受鼓舞。

对于现在的状况，我的认识如下：

从课题堆积程度来看，日本制造业的未来确实令人担忧。但是，迄今为止尚未着手处理的课题，只要认真进行应对都是可以解决的。从这个意义上来看，前景也是乐观的。为了能将这些宝库真正变成宝贝，我立志今后继续为之东奔西走。

第 5 章

可降低成本的图纸的绘制方法

本章中，我将迄今为止在各种开发现场进行过指导的案例进行总结，从中选出降低成本的关键零件和单元的图纸加以整理，将绘制图纸的方法展示给各位读者。

我在久保田时期开发的产品主要是农机、不常见的自动售货机。等我退休后成立了咨询公司，突然开始接受种类繁多的降低产品成本的指导任务，比如印刷机器、笔记本电脑零件等。

尽管产品的种类比以前复杂得多，但是仔细观察各种产品就会发现，各种产品中多余之处都集中在相似的地方，因此在设计时需要注意的关键点也就有了共通之处。

正如在第 1 章中介绍过的，在计划进行全新机型改款开发以实现事业升级的时候，需要将成本降低的目标值设定为削减变动费用 30% 以上。将其细化在现场层面上则为零件数量削减 50% 以上、重量削减 30% 以上、焊接长度削减 50% 以上、组装时间削减 50% 以上，而设计时需要加以推敲的部分也正是这些地方。

降低零部件成本的方法

首先整理出在绘制图纸时需要在整体范围内特别注意的十个要点。

①通过增加零件的功能和相邻零件的一体化来达到减少零件数量的目的。

②灵活使用未加工铸件、空心管材以减少切削加工。

③通过将连续焊接改为断续焊接、双面焊接改为单面焊接、向上焊接改为向下焊接，或者使用变形冶具来减少焊接长度。

④为使形状更小、更简单，通过缩小投影面积实现对称化。

⑤通过采用一体化构造，使材料厚度减少，或使用等效梁法以减轻重量。

⑥减少加工工艺，以削减固定在车床的次数和零件的进刀次数。

⑦充分利用固定尺寸的板材，提高材料的成品率。

⑧用POM材料代替SS材料，用一次管材代替二次管材，尽量使用更为便宜的材料。

⑨减少滑座磨具和凸轮磨具，使磨具和冶具的构造更为简单。

⑩原材料、零件、采购产品等从中国、韩国、印度等国采购。

钣金、焊接的成本降低手法

钣金冲压零件会因生产数量多少，使磨具的折旧负担有很大变化，所以加工工艺的减少及加工方法的训责就非常重要。

钣金的成本降低有以下十个要点。

①板材厚度选择使用更薄一个等级的材料。

②让形状更简单，用剪切加工代替打孔加工。

③批量较少的情况下，采用转塔式六角孔冲床或折弯机进行加工。

④用 L 字折弯（一次折弯）、U 形折弯（一次折弯）代替 Z 形折弯（两次折弯）、帽形折弯（两次折弯）。

⑤用 V 字折弯（一次折弯）代替卷边折弯（两次折弯）。

⑥用没有边缘折弯的翘曲（两次折弯）来代替翘曲（三次弯曲）。

⑦用组合切割代替单品切割。

⑧用双层冲裁（转塔式六角孔冲床）代替单层冲裁。

⑨用折弯加工代替拉制加工。

⑩用手工折弯加工代替冲压折弯加工。

关于焊接方面，需要注意如何减少堆焊长度和因过热产生的变形。

首先是关于焊接部分成本降低的十个要点。

①减少焊接长度。

②用单面焊接代替双面焊接。

③用冲压加工（铆接）代替焊接加工。

④用点焊代替电弧焊。

⑤用角焊代替坡口焊。

⑥使用不需要砂轮机（无须打磨焊珠）的焊接技术。

⑦使用不要冶具的焊接技术。

⑧使用平焊。

⑨把握焊接变形的平衡。

⑩淬火性能高的基材使用双层焊珠（可以得到较好的退火效果，防止烧裂）。

尽量用冲压铆接代替焊接的要点有以下十项。

①拉杆端的垫圈焊接构造，使用冲压压制成型构造。

②焊接在板材上的拉杆，使用冲压压制构造。

③弯管外部与板材焊接时，在管材内部组装入圆形棒材或管材进行一体弯曲。

④焊接螺帽的焊接部分，取消螺帽，改用自攻螺丝。

⑤管材和板材之间的焊接，使用管材挤压接合。

⑥直角与板材之间的焊接，使用拧弯曲的形状。

⑦拉杆边缘垫圈焊接，使用冷锻技术（冷镦机）。

⑧拉杆边缘与板材之间的焊接，采用将台阶顶端做成铆接的构造。

⑨管材边缘和盖子之间的焊接，采用球面加工。

⑩板材重叠焊接在一起的时候，使用 T 字形的镶嵌构造。

组装工序成本降低的手法

在加工工序中，成本降低最可能实现的部分就是组装工序。

组装工序整体上进行成本降低的要点有以下十个项目。

①将螺丝、螺帽等连接零件的数量减少一半。

②尽可能减少对顶螺母等的调整。如果可以的话，将这样的部分全部取消。

③取消开口销的使用。改为压制或使用一边弯曲的开口销。

④减少压入。将轴承的嵌合（轴承一侧）采用周径小于孔径的形式（负荷较轻时）。

⑤使用定位导销。取消所有临时固定的工艺。

⑥尽量使用手工弯曲、手工敲制等工艺。减少同时使用多种工具的工艺。

⑦避免同时使用两种工具的操作，尽量仅用右手来进行组装。

⑧加贴的标牌使用压凸印，减少通过目测位置来进行组装的工序。

⑨取消使用砂轮机对焊珠部位进行加工。

⑩减少包括焊接时使用的焊接冶具在内的组装冶具的使用。

接下来是在组装工序中特备需要，要加以注意的十个项目。

①安装螺丝的时候要使用弹簧垫圈。

②将确定位置的螺丝孔做成圆形，其他的孔做成长孔。

③取消用一个螺丝固定两个重叠在一起的零件的工艺，减少互相之间对齐孔的时间。

④线材卡箍使用一键按压式构造的产品。

⑤用于垫子的橡胶底座采用旋转构造。

⑥用于确定位置的零件采用非对称孔。

⑦加贴的标盘采用复合式一体粘贴。

⑧标牌使用冲压成型加工方式。

⑨用整体涂装代替按照不同零件的涂装。

⑩单个零部件的重量控制在 20 千克以下。

将以上的技巧和方法应用于开发中，就可以显著减少零件数量、重量、焊接长度、组装工序，并最终实现成本降低的目标。

新开发的机器与原有机器相比成本降低了几个百分点，按照产品和零件的不同单元分别来进行表示，就是第 3 章的实例中所列出的表格。坐标轴的竖坐标中，上方是零件数量，下方是成本，横坐标的右方是组装工序数量，左边是重量等分别与成本降低密切相关的各个项目的数值。对现有机型的这四个数值的横竖坐标刻度进行设定，以使其正好成为一个正方形。然后观察新机型的相应四个数值组成的图形比原来小了多少，就可以一目了然地看出成本降低的实际效果。

在本书的第 6 章中，列举了数量颇多的实例，还请予以参考。

设计的总结方法

本书到此基本都是围绕成本降低这一中心进行的阐述，尚未涉及与设计有关的内容。但是，通过产品的外观给客户以优质感觉，绝对也与成本降低息息相关。

只有将产品的内部构造、结构及零件的形状设计制作成没有丝毫浪费之处的一体形式，才有可能使产品外观设计得到提升。请各位开发人员千万不要忘记，在专业设计师设计客户所看到的产品外观之前，决定外观基础的形式是由开发人员决定的。

以下就开发人员关于外观设计方面需要经常考虑的事项，整理出十个项目。

①追求产品的功能（功能美）。

②将内在的品质表露在外观上。

③站在用户立场对形态进行开发。

④保持相邻零件（包括空间）之间的关联性。

⑤将用户接触到的部位设计成对人、皮肤和手更友好的形状。

⑥不要设计成容易给人错觉的形状。

⑦在开发时，要考虑到产品有自然落下的情况。

⑧考虑产品的对比度和色调。

⑨让产品的形状更有层次感。

⑩兼顾设计效果和成本降低两个方面。

此外，在产品设计时，为了使设计更加卓越，需要注意以下十个项目。

①以获得日本优良设计大奖为目标。

②保持良好的空间和开关。

③设计成看不到板材厚度的形状。

④设计成看不到螺丝和螺帽的形状。

⑤让外形更丰满。

⑥采用凸面构造。

⑦椭圆形状用三曲线来进行绘制。

⑧使用真正的零部件来进行造型，而不使用标牌来进行造型。

⑨尽量减少标牌类的使用。

⑩标牌的底色采用与加贴标牌部位的底色相同的颜色。

绘图方法的基本常识

在很难拿出开发成果的现场，大都是 OJT 没有正常发挥作用的地方。因此，绘制图纸的方法也各不相同，结果导致作图的时间差距拉大，在开发阶段就会容易使产品出现不必要的多余。凡是从事与绘图相关的开发、设计、制图人员，都应该具备国家技能鉴定考试的机械制图二级以上的资格。

在这里，针对现场开发人员，围绕希望能共享掌握的基本绘图技巧进行了总结。

图纸绘制完成后，最早看着图纸进行工作的人就是制作零件的人、进行检查的人及将零件组装制作产品的人。因此，绘制图纸的时候，首先需要从这些人的角度出发进行绘制。

在绘制图纸时必须遵守的基本事项有以下十个项目。

①避免重复的图示和标记及重复的尺寸。

②标注全长、全高、全宽。批量常见零件，只写参考值即可。

③通过用旋转断面和部分断面表示，使图纸更容易理解。

④轴、扇形拱、机身不用断面表示。可使用部分断面。

⑤摘出的部分图采用自由曲线或圆来表示外形。

⑥脱模深度较大的铸造、锻造和树脂中标记脱模斜度。

⑦显示磨具分割面（线）。也可使用模具分割的设想图。

⑧弯曲形状的钣金零件，尽可能将展开图也一并进行标记。

⑨管材和拉杆的弯曲 R 按照弯曲的内 R 尺寸进行计算。

⑩对各部位的极限值进行明确标示，如飞边尺寸 0.1 以下。

接下来就如何通过改进设计图纸的绘图方式来进一步改善产品性能、功能和质量的方法进行探讨。图纸的绘图方式中也有以下十项需要注意的地方。

①尽可能使用实际尺寸来加以标示。

②用实线和细线来绘制图纸。

③确保图示方向的统一。

④对工作范围加以标示。

⑤对相邻零部件进行标示。

⑥对基本尺寸（开孔标准）进行明确标示。

⑦对基准线（X、Y、Z）进行明确标示。

⑧对堆焊进行标示。

⑨每三天用原尺寸图进行出图，接受上司的检查。

⑩在开发阶段，将计划图既用作检查零件图的图纸，也用作组装图的图纸（省去绘制组装图的步骤）。

此外，为了提高通过图纸传达技术信息的精度，需要注意以下十个项目。

①齿轮变速位置和控制杆位置要标示中间位置。

②对齿轮、花键部位的齿数、模块及外径进行明确标示。

③对齿轮的轴距进行明确标示。

④轴承、油封等标准零部件要标明实体的半断面与型号。

⑤轴的旋转方向要用图进行说明。

⑥轴和栓销类不要用全体断面进行标示，用部分断面进行标示。

⑦零部件的轮廓或断面图采用填充色。

⑧压铸零件或数值成形零件需要标示脱模斜度。

⑨定位销孔和基准孔用图示进行标示。

⑩对加工基准面和尺寸测定点进行明确标示。

另外，为了让看图纸的人可以更加准确地理解，在绘图及进行标示时需要加以注意。要点有以下十个项目。

①多采用断面图。

②使用旋转断面进行标示。

③通过部分断面或部分箭头图进行标示。

④用箭头 A 等方式代替断面 A–A 的标示方法。

⑤用三角法进行标示。（根据行业和国家不同，有的地方使用一角法）

⑥同时使用扩大图和原尺寸图。

⑦使用展开图（折弯机产品）。

⑧同时使用示意图和透视图。

⑨对螺丝和螺帽等标准零部件的形状也进行部分标示。

⑩每次进行设计变更时，随时将设计图更新为最新版。

创造具有市场性、品质高和低成本的综合技术

上文从零部件、钣金、焊接、组装、设计及绘图方法等各个方面，对与成本降低有关的手法进行了总结。

本书的主旨是，精工细作就是创造成本。这一主旨在具体的开发现场也可以得到认同。

在久保田时期，通过我所从事的工作，我深信"只要能够降低成本，品质一定会提高"，即使现在进行技术指导，无论到哪里也都会将这一想法传递给他们。虽然在整体理念上几乎人人都会予以高度评价，但就提高产品的功能和性能对设计进行深入讨论的时候，往往会与相当一部分开发人员所抱有的固定观念产生冲突。

"减少零件的话，会不会影响产品质量？将产品厚度弄得这么薄，不会产生强度不足的问题吗？"

这是其中最有代表性的声音（实际上可以通过强度解析和试制机型的测试来进行评价）。

但是，开发过程中的成本降低，就是通过彻底排除原有产品的多余之处而达到提高质量、功能和性能的目的。为达到这一目的，就需要充分利用设计的技巧和智慧。

因此，开发人员就必须精通本章所介绍的关于设计方面的基本技巧和智慧，在此基础上还要了解各种技术和信息。将这

些方面予以整理并列举如下：

①作为产品基础的技术开发力
②降低生产成本的生产技术
③准确把握消费者需求的调查能力
④对其他公司动向的预测能力
⑤对未来技术动向的预测能力
⑥对经济形势和汇率动向的预测能力
⑦对利率等经济环境变化的迅速适应能力

在市场全球化形势下的激烈竞争中，这七个项目无论哪个都是不可或缺的重要因素。产品开发就是在所有条件的基础上，对其进行消化并以产品的形式具体表现的综合技术。

但是，对开发人员来说，这些要素中最为重要的是什么呢？如果非要从中选择一个的话，我会毫不犹豫地选择其中的第三项，即准确把握消费者需求的调查能力。

除此之外的信息，都是可以在一定程度上通过不同专家和媒体获得的。与之相对的就是消费者需求，也就是用户所追求的东西，这个只要开发人员有心就可以切身去感受。

即使拥有作为开发人员的技巧和智慧，其他信息也应及时充分获得，不能把握住消费者追求的东西，产品开发就不会一帆风顺。那是因为产品开发的原点就在于用户的目光。

在久保田时期，每次企划产品开发课题时，我一定会给开发团队所有成员分派进行市场调查的指标任务，即通过一天的实地出差收集到200项左右的信息。将来自市场上的最真实的声音进行分类分析后，开发课题的方向也就水落石出了。

哪怕是集技巧、智慧和经验于一身的开发人员，有时也会陷入一个陷阱，就是制作的产品只满足了自己。无论是多么优秀的产品，无法迎合客户的需求就不可能畅销。落后于时代的产品自然是失败的产品，过于领先时代的产品也不会畅销。过于领先时代，作为产品可能是好东西，但是作为商品却是失败之作。

当前市场上什么样的产品受欢迎？客户追求的是什么样的产品？每当感到迷茫的时候，就需要试着从客户的角度出发进行考虑。这是经营法则中的真理，也同样适用于产品开发。

第6章

『零件减半、成本减半』20 实例

本章中，我将围绕曾经实际着手进行过的零件减半的实例，尽可能进行具体且简明易懂的阐述。在每个实例中，都通过图标的形式，对原有机型和开发机型的零件数量、组装工序、重量等进行对比，让总成本的削减比例一目了然。希望能为诸位在开发现场考虑削减零件的时候提供参考。

1 减速机（粉碎机）

久保田时期，我曾经在用于循环利用塑料废料的转轮式粉碎机开发现场进行技术指导。

粉碎机主机的开发水平相当先进，与之极其不配套的是，与主机相连接的由马达驱动的减速机处于近似原始的状态。

对此我感到甚为好奇，于是去问开发负责人。得到的回答是，这一部分机器来自专门厂家采购的标准产品并直接用在粉碎机上的，而且价格还高得离谱，竟然达到了 200 万日元。甚至他都向我大诉苦水，很希望想点办法使用更便宜的产品。

听到对方的想法，我就反问负责人，有没有将减速机全部拆开，用自己的双眼对其构造进行观察，以找出其中的多余之处的方法。负责人回答说完全没有，于是我马上指示现场将减速机拆开。

生产商的标准产品，一般来说其规格都是可以对应各种用户需求的、适用性极其广泛的产品。这款减速机也是如此，箱内安装了方向可以 90 度旋转的类似锥齿轮样式的动力输入轴的轴承孔，在方便安装方面下了十足的功夫。

但是，从另一个方面来看，对于某些特定的用户来说，购买了这样的产品就等于连一些没有必要的功能和性能都一并购买了，反映在价格上就是这个产品的售价高达 200 万日元。因此，降低成本的第一步就是着手重新设计符合粉碎机需求的减速机。

减速机的长、宽、高分别为 150 厘米、68 厘米和 80 厘米，属于个头较大的产品。将其拆解后发现减速机是由三轴三段式的传动装置构成，齿轮的最大直径为 68.7 厘米。接下来对减速机可以改变设计的部位进行讨论，简单来说，目标就是要对所有部位进行重新设计。其中，主要部分有以下三点。

①将原来以轴为中心、水平将机箱分开的形式，改为将轴在垂直分段的方向上进行分割。

原有的机型中，是将箱体的空间水平分割成两个空间来进行铣刀加工。为了将各部分组装在一起，采用了给组装螺丝打孔，用螺丝拧紧组装在一起后，再给 4 个轴的轴承部分进行打孔处理的方法。因此，为了能组装内部的轴零件，就需要将已经拧紧的螺丝拆下，将加工成一体式的箱体予以分解，然后才能将轴类拼装在一起进行组装。

在新开发机型中，使轴在段方向将箱体分割，分别在箱体上加工轴承部分的开孔，以此来实现大幅减少组装工序的目的。在组装的时候，先将里边的箱体 1 中的轴类零件在竖立状态下进行安装，然后将外侧的箱体 2 放置在箱体 1 上，最后用螺丝将外侧加以固定。

这样一来，就省去了为了进行组装而先将组合在一起的箱体进行拆解的步骤。

②将减速器的动力输出轴改为管材的形状，把粉碎机的旋转轴直接组装在管材内，减速器和马达的全部重量由轴的两端来支撑。

原有的减速器机型中，因为动力输出轴突出到箱体之外，所以必须通过连轴器才能将粉碎机主机的旋转轴和减速器的轴心对起来。但是，将轴心对齐的工作却相当困难，经常会导致品质问题出现，这也是成本提高的一个原因。

为解决这一问题，在开发机型中进行了上述的调整。这样就可以省去连轴器，更容易对齐轴心。此外，通过上述调整还大大缩减了包括粉碎机主体及减速器在内的整体的轴长，也使机器本身的宽度减小，使机身更紧凑。

③将减速器和驱动减速器的马达置于减速器箱一侧的马达台上，并做成一体形式。

在原有机型中，减速器和马达分别置于不同的支架上，并通过连轴器与粉碎机的主体进行连接，所以需要占用相当大的空间。在开发机型中，减速器与马达进行了一体化加工，变成了由箱体的边缘承受粉碎机反作用力的极其简单的构造。经过这样的改动，就使减速器和粉碎机的主机之间距离更近。不但减少了机器本身占用的空间，还大幅度增加了机器工作空间。

通过以上的新开发设计，分别削减了零件数量69%、组装工序65%、重量40%，总成本削减比例为48%。除了减速器本身的成本以外，包括马达在内的装备零件等安装在粉碎机本体上的零件数量也大幅削减，也使得整体大幅度的成本降低成为可能。

减速器

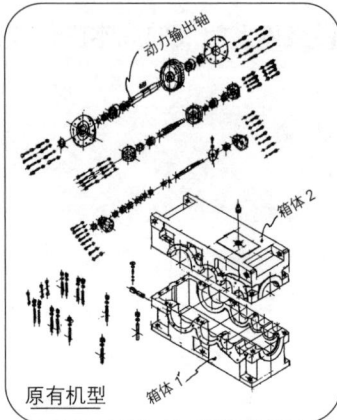

动力输出轴

箱体2

原有机型 箱体1

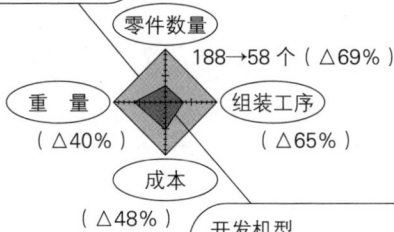

零件数量

188→58 个（△69%）

重　量　　组装工序

（△40%）　　（△65%）

成本

（△48%）

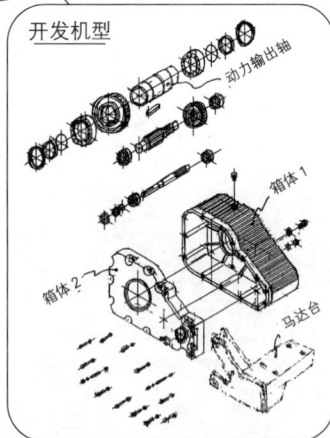

开发机型

动力输出轴

箱体1

箱体2

马达台

2 转向销（拖拉机）

　　四轮驱动的拖拉机中，前轮和后轮都是可以直接从发动机获得动力来驱动机身前进的构造。这时，前轮还需要具备接受方向盘的传动力的转向功能，因此结构上会比后轮部分更为复杂。

　　在原有机型中，竖轴上安装的转向销有由三四个零件组装在一起的单元的构成部分。此外，还有更为重要的技术要点就是变速箱上方（铸造物）的轴承孔的加工技术。

　　变速箱上方的功能是通过转向销来回自如地控制变速箱下方的巨大部分来使其拥有转向功能，以及将来自发动机的驱动力通过锥齿轮从横轴传导至纵轴的转向销。

　　在原有机型中，变速箱上方的孔的两头都是开放孔，加工的时候从孔径大的一边向孔径小的一方进行加工。因此，一般都是从变速箱上方向下加工，但是这样加工起来却相当费功夫。由三四个零件组成的单元是左右对称的一组，使加工所需的时间成为两倍。

　　接下来，还需要用连接左右两边变速箱的转向节臂组装进来，以盖住变速箱上方的孔。

　　根据以上情况，在开发机型中，通过以下三个改进点来实现降低成本的目标。

①**将转向节臂移至变速箱下方，将变速箱上方变更为架构简单的半球形。**

要想实现这样的变更，变速箱上方的加工技术就成为关键。在轴承孔的加工中，还有一个课题就是，安装转向销的下方的孔径没有上方的孔径大。

在对孔径进行加工的时候，需要将用于镗削的长刨刀伸入其中。所以，不是无论多大的孔径都可以进行加工，根据孔径大小或孔的长短，有时无法进行加工。

加工箱体内部的开孔时，刨刀的入口的孔径越大，加工起来就越简单。使用刨刀进行切削的时候，因为刨刀的顶端受力会产生挠曲，并且在抽出刨刀时也需要一定的抽出口。为了实现最好的加工口径，与加工部门的负责人反复进行探讨，终于得到了可能的尺寸。

这样一来，就不需要在上侧变速器的上方开口，极大减轻了加工开孔的手续。同时，从上方开孔处安装的轴承，改为从变速箱上侧旁边的开口处插入。

此外，在原有机型中，转向销下方的小型锥齿轮和转向销通过花键来进行嵌合，原本是不同的两个零件，在开发机型中②**通过减少转向销下端的小型锥齿轮的齿数，并使用摩擦焊接来进行一体化处理，使其构造更加简洁。**

这里使用的小型锥齿轮为花键锥齿轮，通常使用德国格里森道具公司的齿轮机床来进行加工。但是，为了提高减速比，就需要将齿轮的齿数在原有机型的基础上予以减少，计划是将齿数改为六个进行切削加工。但是工具嵌入转向销的轴承部位后变细，无法顺利进行加工。于是，这里将齿轮的六个齿作为单个零件进行制作，然后采用摩擦焊接与转向销加工为一体，以确保强度。

③对其他小零件进行重新研究，在①和②改进的基础上大幅削减零件的数量。

经过以上改进得到的结果如下，零件总数削减 62%、组装工序削减 53%、重量削减 38%，总成本减少 35%。

我本身不是加工方面的专家，但是根据常年绘制图纸的经验，对各种各样的加工应该采用的合理方法都有着一种本能的直觉。但是，对于新出现的课题，还是需要咨询专家和相关人员来共同探讨解决方案。

前轮转向销部

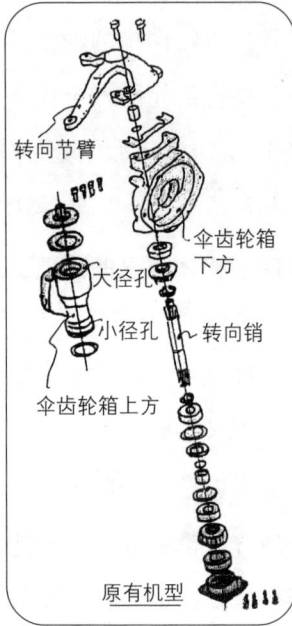

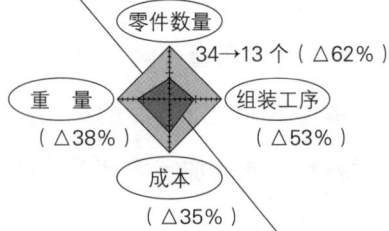

转向节臂

大径孔

小径孔 ← 转向销

伞齿轮箱上方

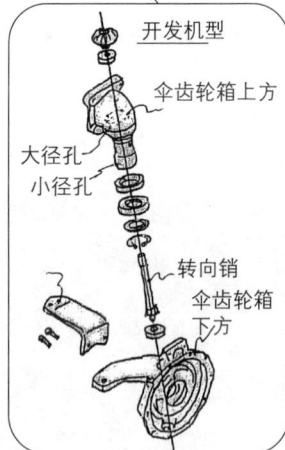

伞齿轮箱
下方

原有机型

零件数量

34→13 个（△62%）

重　量　　　　组装工序

（△38%）　　　（△53%）

成本

（△35%）

伞齿轮箱上方

开发机型

伞齿轮箱上方

大径孔

小径孔

转向销

伞齿轮箱
下方

3 差速齿轮（拖拉机）

以前在制作拖拉机的主要单元时，经常会看汽车的便览来作为参考。因此，从原理上来讲应用在汽车结构上的单元也经常会在拖拉机上看到。下文介绍的差速齿轮就是这样一个例子。

为驱动拖拉机前轮的轮胎，需要用机体的中心来支撑前轮。此外，为了能在坑洼道路上行驶，还需要前车轴箱具有摇动功能。为了实现这一功能，前车轴箱内安装了差速齿轮这一装置。

前轮部位的差速齿轮装置的作用就是把来自发动机驱动前进的转矩平均分配在左右两个轮胎上。

比如转动方向盘让拖拉机右转的时候，为了正确向右转动，左侧轮胎转动的曲线就需要大于右侧轮胎转动的曲线。也就是说，因为动力轴是同一条，需要让左侧轮胎的转动速度快于右侧轮胎。实现这一功能的就是差速齿轮部分，它可以根据方向盘向左转还是向右转来自动改变左右轮胎的转矩数，也就是我们所说的差速装置。

这个差速齿轮部分及下一个项目中将要介绍的前车轴箱部位，在原有机型中都是由比较大的零件构成。其中，差速齿轮由18个零件构成。

碗状的差速齿轮箱和侧面轴承箱箱内安装的两对差速游星齿轮和差速器侧齿轮分别正对呈互相咬合的形状，支撑两个差速游星齿轮的中心销垂直贯穿差速箱。然后，差速游星齿轮和差速器侧齿轮为了接受各自齿轮的推力，还分别安装了垫圈。

这就是原有机型的大致构造，同样我认为其中的零件也可以减半。为此，我在开发机型的以下几个地方引入了新技术。

①将差速齿轮的转数提高至原来的 2.5 倍，实现将全部负担力矩减少 60%，所有零件因此实现了小型化。

②原来分成两部分的差速箱改为使用铸造箱体，实现一体化。

这一改进主要是基于新出现的被称为加工中心的加工机械。引进加工中心，使得原来无法实现的加工变得简单易行。正好我曾经学习过加工中心是什么样的加工机械，这一机械可以进行什么样的加工，所以才可以在新设计中加入加工中心制作的零件。

③通过将差速游星齿轮和轴承本身的一体化处理，实现了没有中心销的简单构造。

但是，实现了一体化的构造后，在实际组装零件的时候却出现了一个巨大的难题。那就是，如何通过成为一体的变速箱上下左右开的小窗来组装差速游星齿轮，以及在此基础上再组装差速箱侧齿轮。

差速游星齿轮是上下一对，差速箱侧齿轮是左右一对，各自的齿面在互相咬合的状态下安装在差速箱内。对此，我想到了一个组装技法来予以解决。

④**首选将差速游星齿轮组装到差速箱内。接下来组装差速箱侧齿轮的时候，不是从正侧面，而是从斜 45 度的方向与差速游星齿轮的齿面咬合来将四个齿轮安装到差速箱内，然后在后边插入差速箱侧面垫圈，即可完成组装。**

通过这样的点子，就如同"智慧之轮"一般实现了全新的组装技法。

此外还有一个新技法予以补充。

⑤**对差速游星齿轮部分全部施以特殊的表面处理，使得与旋转滑动部位的其他零件的协调运行效果更好，结果使推力垫圈得以取消。**

通过以上技法的运用，在削减螺丝等小零件的同时还实现了差速箱的一体化，使得加工精度得以提高。同时，这也是基于齿面之间的咬合精度提高而使齿轮小型化的绝好实例。

最终实现的开发机型中，除了削减零件数量 50% 以外，还达到了削减组装工序 60%、重量 58%，以及削减成本 49% 的目标。

差速齿轮部位

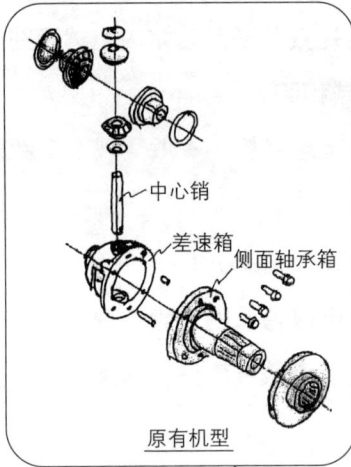

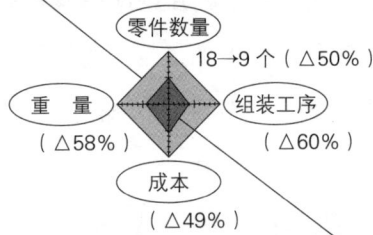

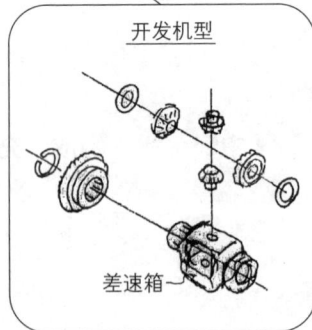

中心销

差速箱　侧面轴承箱

原有机型

零件数量
18→9 个（△50%）

重　量　　　　　　　组装工序
（△58%）　　　　　　（△60%）

成本
（△49%）

开发机型

差速箱

4 前车轴箱体部位（拖拉机）

内部安装有差速齿轮的前车轴箱体部分是拖拉机机身中最接近地面的部分。所以，前车轴箱部位离地面越高，在农田里的行驶性能就越好。即使在比较深的稻田里也可以减少堆积泥巴的问题，在长着农作物的农田也可以在行驶的时候横跨不同的垄而不伤到农作物。

原有机型的前车轴，正如前文中讲到过的，与差速齿轮一起构成了体积较大的单元，中间部分呈凸起状。因此，在水田中行驶比较困难，容易在跨垄作业时发生堆积泥巴的问题。

在新开发的机型中，随着差速齿轮部分体积的大幅减小，给我们一举解决这一问题带来了希望。其中大的改进之处有以下三点。

①原有机型中因体积较大，所以与差速齿轮采用了相同的分成两部分的构造，在开发机型中将其改为管材形状的一体零件。

②由钣金零件构成，充分利用冲压和焊接技术。特别是为了尽量减少因焊接出现的形变，在焊接的冷却方法等方面采用了最新的技术。

③为确保尺寸更为精确，尽量在焊接前进行必要的机械加工，从而减少焊接后的机械加工。

在改进要点①中，将原来铸造的两个大型零件改为使用一根钣金制造的管材零件有着非常重要的意义。进行这一改进后，前车轴箱体部分只要进行一道焊接工序就基本完成，省去了之前的各种组装工序。

为实现这一具有重大意义的改进，其中的关键就是如何减少焊接的形变。

通常情况下，焊接部位的温度会高达 1000 摄氏度以上，如果迅速进行冷却，形变通常就会很严重。比如长 2000 厘米、直径 8 厘米、厚 0.4 厘米的钢管，如果在四处左右分别焊接一圈，钢管的全长大约会缩短 0.4 厘米。在造船行业，甚至会将铁板的热收缩性质运用在使船体外板弯曲或使船头变成球状的技术上。

而我的研究课题正好与之相反，需要研究如何才能减少因焊接引起的形变。尤其是起到前车轴中心销作用的中间的轴承管，必须确保轴心精度和与轴之间的直角精度及开孔直径的精度。

为此，首先在设计的时候，让焊接位置偏离精度要求高的地方，同时将板材的厚度加厚以增强零件的刚性。

接下来在制造阶段，对焊接工程和焊接冶具的设计上也费了一番功夫。特别是对焊接点进行了特殊处理，让焊接点在冶具内，直到温度下降到一定程度再取出。

前车轴箱体部分

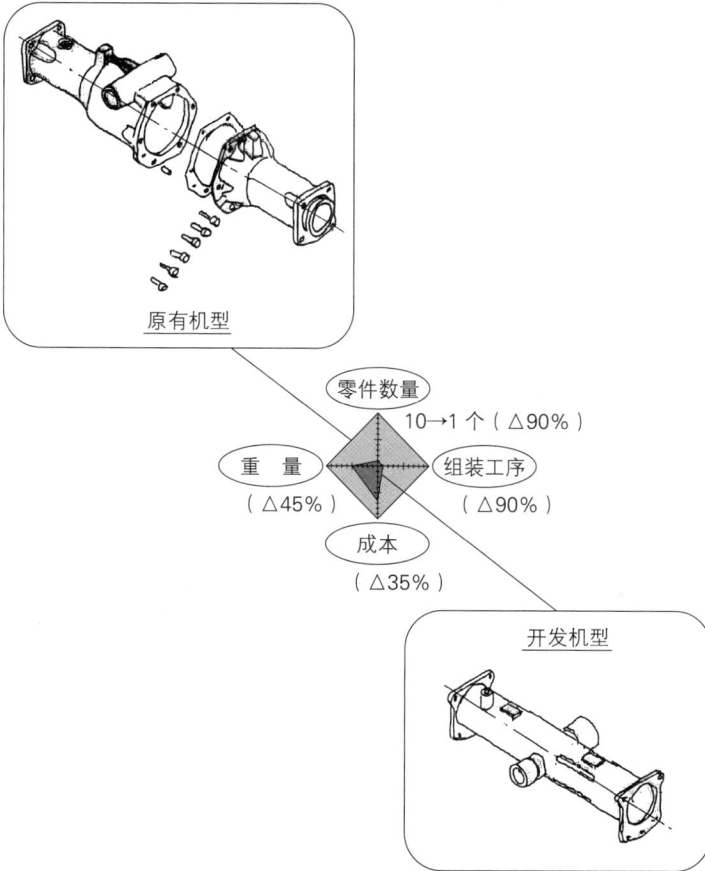

原有机型

零件数量
10→1 个（△90%）

重　量
（△45%）

组装工序
（△90%）

成本
（△35%）

开发机型

147

最终结果，制造出了如图所示的形状极为简单的前车轴箱。这一开发机型还取得了"前车轴直管式四轮驱动拖拉机"的专利，并在数年后受到发明协会的表彰，可以说是一个具有突破性的单元（参考第 8 章）。

原有机型上常会出现的问题是，因组装两个箱体的螺丝松动而导致漏油，但因为在开发机型上实现了箱体一体化，这一问题得到了解决。原本由 10 个零件组成的单元变成了仅由 1 个零件组成，组装工序削减了 90%、重量削减了 45%。总成本削减比例实现了 35% 的目标。

5 变速拨叉部位（拖拉机）

变速拨叉部位是指通过滑动拖拉机的动力传送部位变速箱内的齿轮，来改变来自发动机的动力速度的装置。其原理是通过让咬合的齿轮向轴方向移动来改变与大小齿轮间的咬合比，以达到改变速度的目的。

一般来说，变速拨叉需要具备的性能，一个是进行变速操作时经得起不断反复的耐磨耗性，另一个是能够直接承受操作人员在操作时力量的滑动刚性。在原有机型中，将铁系的特殊材料铸造后进行机械加工，然后将滑动齿轮的部位表面进行淬火处理，才能制造出达到实用水平的效果。

在这一部分，成本降低的关键就是找到能够代替原来使用材料的新型材料。

①将变速拨叉使用的铁系铸造品改为使用被称为"R14"的铝压铸材料。

与这种新材料的邂逅，可以追溯到距今约 30 年前在东京举办的汽车展上，我在菱备制作所（现名菱备公司）的展台进行参观的时候。当时的汽车展与现在有一个很大的不同，那就是零部件制造商的展台占据了车展相当大的部分。

就是在那里，我看到了菱备制作所开发的使用新材料铝压铸"R14"生产的用于手动变速机的变速拨叉。在这个产品中，覆盖在齿轮的滑动部位的铝压铸品未经机械加工直接使用。看到这个产品的第一眼就发现了其形状的独特之处。

我为发现这种材料感到振奋的同时，还有一丝不安，我担心其强度是否能够经得住像变速拨叉这样严酷的使用环境。其实，其秘密是"R14"这一铝制材料的组成成分（"R14"现在在 JIS 规格中被称为"ADC14"）。

实际上，这种新型铝材中含有约 17% 的硅酮，含量大约是普通材料的两倍，因此其耐磨损性得到了显著的提高。再继续对变速拨叉进行细致观察，发现齿轮部位覆盖着一层扇形拱形状，通过提高断面系数就可以确保能经受住滑动力的足够的刚性。

这真是非常有创意的技术。我马上与对方联系并很快试生产了用于拖拉机的零件。

在设计的阶段，采用了将密密排列的齿轮的空间进行填满的方式来安排变速拨叉的位置。在设计过程中，除了在图纸上确定形状外，还通过仿制模型（原尺寸大小的黏土模型）来进行反复确认。此外，为了在电脑上进行强度确认，反复进行了构造分析，来对试制产品的形状进行改进。

但是，在这一过程中，"R14"这一新材料与其优越的耐磨耗性能相对的弱点也开始显露出来。由于硅酮含量高，比一般铝制材料的抗冲击能力较弱，导致拉杆部位的铰刀加工困难，无法提高产品的精度。

变速拨叉部位

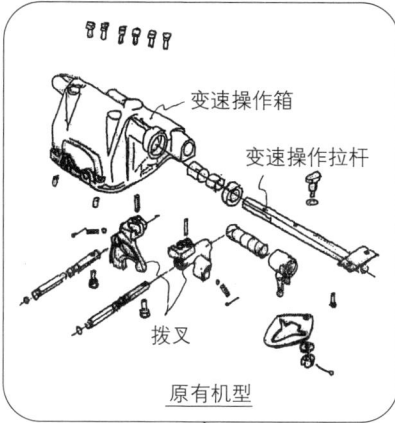

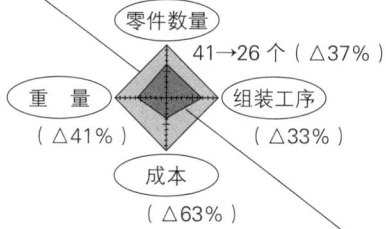

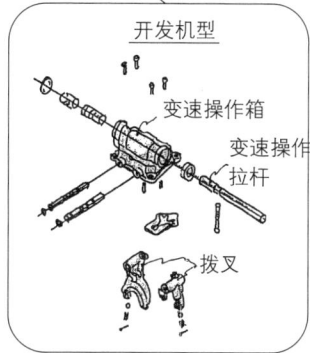

变速操作箱

变速操作拉杆

拨叉

原有机型

零件数量
41→26 个（△37%）

重 量
（△41%）

组装工序
（△33%）

成本
（△63%）

开发机型

变速操作箱

变速操作拉杆

拨叉

可加工性通过减少加工部位予以解决，关于产品的强度则是多次赶到对方工厂，反复进行刚性测试和破坏测试，经过若干次对模具进行部分修改，终于实现了与原有机型相同的强度。然后安装到试制机器上进行实际测试，问题终于得以解决。

②对变速操作箱（铝压铸品）的形状进行全面的重新讨论，将原料重量削减为三分之一，加工工序削减了约一半。

由于箱体体积变小，就不需要在内侧进行铣刀加工，有助于进一步削减加工工序。此外，切削加工的工序中，也因为变速操作拉杆孔（横向孔）变短，加工更便捷，尺寸精确度也得到了提高。将变速拨叉箱与变速箱进行固定的螺丝也由六个变为了四个。

最终，整个变速拨叉的零件数量削减了37%、组装工序削减了33%、重量削减了41%，总成本的削减比例达到了63%。

6 控制阀（拖拉机）

控制阀是拖拉机在水田里进行耕耘作业时将旋耕部位升起降下的油压装置。

拖拉机都具备以固定的深度来耕田和平整农田的自动控制功能。与汽车相比也丝毫不逊色的电子控制系统和油压系统，对拖拉机的耕耘性能和平整性能起了决定性的作用。

近年来，伴随着大马力化、高性能化及用于耕田的旋耕机等作业机械的大型化，对油压机器的举力和反应速度的要求越来越高。特别是在控制阀的设计中，杂质堵塞、油温过高、漏油、安全阀噪音、无法避免的成本问题逐渐浮出水面。

在开发新机型的时候，也将技术和智慧集中在了努力解决以上课题之中。

我将成本降低的主要目标放在了原有机型中采用的内部导油方式，安装在气缸箱外侧的点上。

内部导油方式，是在控制阀单元内安装有导油线路，油经过这一油路进入到变速箱内的构造。采用这一方式，因为控制阀安装在外部，所以其优点就是在出现故障时非常便于修理。但是，与此相对的是，零件数量增加导致成本居高不下这一缺点。

在开发机型中，我的目标是将内部导油方式改为外部导油方式，即在通过油压阀本身的数个导油孔让油直接流入变速箱内部。这个方式更加简单，安装起来也非常方便。但是有一个问题是前文提到过的，万一出现故障就需要将变速箱拆开，修理的时候会花费更多的时间和费用。

为了解决这一问题，我亲自去负责的部门咨询实际情况下出现的什么样的投诉最多，结果却得到了意想不到的结果。与控制阀相关的投诉数量确实比较多，但是其中一半以上都是缘于组装时的失误及加工精度的误差。和控制阀自身特有的问题如杂质堵塞、漏油等有关的投诉可以说是微乎其微。即使是实际发生的杂质堵塞和漏油等投诉，也基本上是因为本身构造过于复杂而出现。

于是我大胆判断，只要能生产出结构简单不易损坏的控制阀，就有可能使用外部导油方式。为实现这一方式，我对原有机型进行了彻底的重新研究。

成本降低技术的概要如下：

①采用外部导油方式。

这一变更之处如前文所述，是降低成本的关键之处。

②控制阀的油路，使用实心的铸造材料代替原有的中空的铸造材料，阀芯孔和油孔分别变为下方钻孔加工。

通常情况下，为减少机械加工的工序，复杂的油路都会采用中空式的铸造材料，也更便于控制成本。但是，在经过反复试验，对构造进行仔细研究后，将原来复杂曲折的油路变成了直线形的结构简单的形状。这样就实现了仅用切孔和机械加工就可以制作，实现了大幅降低成本的目标。

③将安全阀的构造由提升式改为活塞式横向孔。

这样就可以减少提升式的撞击损耗，取消为承受撞击损耗而使用的硬质压入式阀座。这不但达到了成本降低的目的，同时还减少了撞击噪音，一举两得。

④对其他小零件也进行彻底研究予以削减。

在采用了以上降低成本的技术后，因原有机型采用内部导油方式而出现的构造复杂、易出故障的问题得到彻底解决，制作出了体积小、重量轻、结构简单且质量稳定的控制阀。

开发机型的零件数量削减了 35%、组装工序削减了 43%、重量削减 73%、在总成本方面实现了削减 56% 的目标。

控制阀

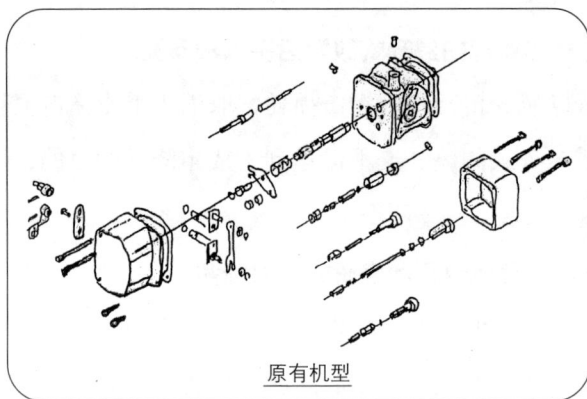

原有机型

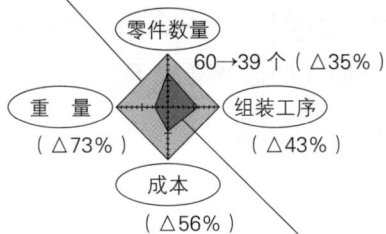

零件数量

60→39 个（△35%）

重　量　　　　组装工序

（△73%）　　　（△43%）

成本

（△56%）

开发机型

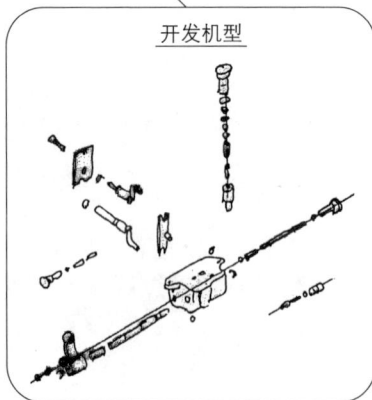

7 踏台部位（拖拉机）

踏台部位是坐在拖拉机的驾驶座位时，左右两脚所踩的位置，位于前轮轮胎和后轮轮胎的中间位置，也是上下拖拉机时需要踩踏的地方。同时，踏台部位还有作为离合器踏板、刹车踏板、油门踏板等的操作台的功能。

在原有机型中，踏台部位是如何安装在车身上，下文会进行简单介绍。

在与发动机连在一起的离合器壳箱左右两侧是用螺丝固定的踏台架（钣金）。此外，在左右两侧还装有一对踏台（钣金）。踏台的前边，是用螺丝固定的离合器踏板、刹车踏板和油门踏板的侧盖。踏台自身的前端则用螺丝固定在发动机支撑架上，后部则是固定在后轮胎上的挡泥板上。

针对以上特点，开发机型降低成本方面主要有以下几点：

①制作兼具离合器踏板、刹车踏板、油门踏板的踏台，用四个螺丝将踏台固定在离合器壳箱的左右两侧，实现了无边框的构造。

②踏台后部通过采用无螺丝的新工艺，将其安装在了后轮胎挡泥板的缝隙内。

踏台的前部继续保持与原有机型一样，用螺丝固定在发动机支撑架上。其他小地方还隐藏着可以用来降低成本的技术。

③**将冲压材料的拉制工艺改为弯曲工艺。**

整个产品看上去像是经过拉制加工的钣金材料，实际上却是将冲压工艺变成了在板材上开孔、弯曲、弯曲、弯曲四道工序，这样就可以大幅削减模具费用。

④**通过将踏台外侧的边缘制作成竖纹形状，确保与边框的强度相同。**

⑤**对踏台母体进行加工的时候，随处采用剪切的同时进行弯曲或成形加工的工艺。**

在进行加工的时候不要仅看一个个的零件，还要从构成整个单元的整体来进行研究，这样可以使成本降低的效果最大化。这一踏台开发的过程可以说是其中最为典型的代表。

在将多个零件进行一体化处理的时候，尽可能考虑更为细微的技巧，像这样的实例在这次的开发机型中可以说是随处可见。

最终结果如下：零件数量削减了 56%，重量削减了 75%，总成本削减量达到 72%。在原有机型的模具折旧负担已经结束的情况下，新的开发机型却还要负担冲压模具和焊接冶具费的折旧费用，即使在这样不利的条件下，仍然取得了如此好的成绩，成本降低的效果不言自明。

踏台部位

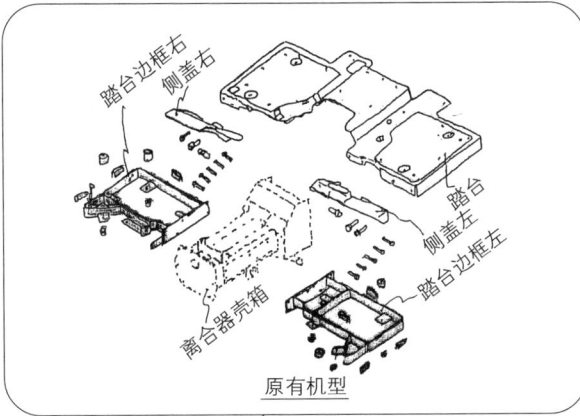

踏台边框右
侧盖右
踏台
侧盖左
踏台边框左
离合器壳箱
原有机型

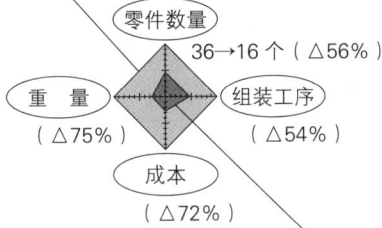

零件数量
36→16 个（△56%）
重　量　　　　组装工序
（△75%）　　（△54%）
成本
（△72%）

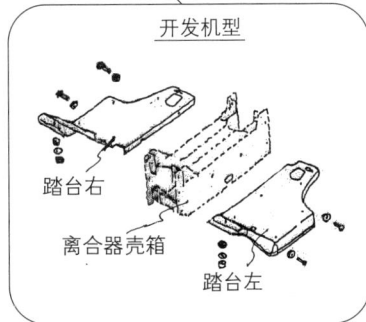

开发机型
踏台右
离合器壳箱
踏台左

159

8 曲轴后端盖

曲轴后端盖位于发动机与离合器箱的中间，是连接以上两个部分的单元。这一部位需要承担相当大的力量负荷，因此对强度要求比较高。

曲轴后端盖是由厚 6 毫米的钢板制作而成，上边有 2 个大的开孔和若干个小孔。其中，最大的开孔是发动机曲轴箱的承插部位，位于机身的正中间位置。旁边稍大的孔是安装自动启动器的位置，其他的小孔是安装螺栓或用于确定位置的定位销的位置。

在原有机型中，首先是将钣金材料在冲压机床上分别进行钻孔和穿孔工序，然后再通过校平工艺来制作平滑的钣金材料。之后用钻孔机将上文中说到的两个大的开孔进行镗削加工，对三处进行攻丝加工，最后将焊接螺帽焊接在九处即可完成。

开发机型中，目标就是对这些加工工序进行大幅削减。

①同时对钢板进行钻孔和穿孔加工，取消校平工序。

这样既可以保证冲压开孔的精度，也可以省略两个开孔的镗削加工。

②将攻丝加工改为在连接的离合器箱上进行。

这样就可以取消攻丝工序，而且也可以不使用焊接螺帽。

最终，整体的零件数量削减了 90%、机械加工削减了 85%、焊接工序削减了 100%，成本削减比例达到了 46%。

曲轴后端盖

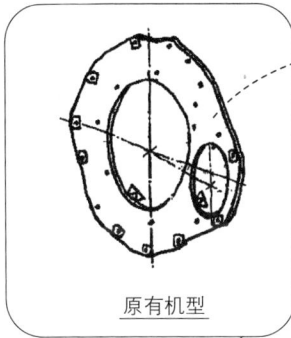

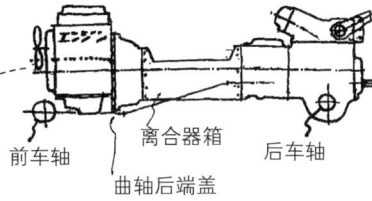

前车轴　　离合器箱　　后车轴

曲轴后端盖

原有机型

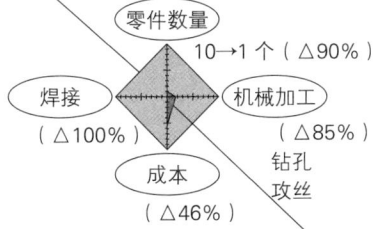

零件数量

10→1 个（△90%）

焊接　　　　　机械加工

（△100%）　　（△85%）

钻孔
攻丝

成本

（△46%）

开发机型

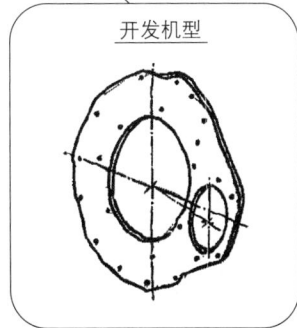

9 自动启动器

自动启动器是可以让发动机启动的马达。在启动发动机的时候，需要游星齿轮出来才可以实现转动飞轮的目的，转动飞轮后还会恢复原状。这个自动启动器是发动机的必备零件之一。

在原有机型中，一般都是直接采用与汽车相同的零件，所以这里就存在着降低成本的潜在因素。

首先对各种系列拖拉机的自动启动器进行调查，发现使用的全部都是从 D 公司采购的产品。在汽车行业，各家公司都为了寻找尽可能便宜的优质产品而寻找不同的供应商。所以，我也对生产自动启动器的厂家进行了研究，结果发现除了 D 公司外，H 公司和 M 公司两家大公司也在生产类似的产品。

马上从这两家拿到了样品和报价单，寻找更适合开发机型的自动启动器。包括 D 公司在内的几家公司的产品容量都相同，只有安装尺寸和大小略有差异。其中最为重要的成本方面，M 公司的产品最有吸引力。

于是，考虑将 M 公司的产品用于新机型的开发中，但尚有一个问题需要解决，即自动启动器的游星齿轮共有 9 个齿，比原有机型中使用的多一个。所以无法与飞轮上安装的齿圈准确咬合。

原本因传动比不同而使发动机的启动扭矩低于原来的启动

器的比例，也完全在不会对行驶造成影响的范围之内。基于这一点，向发动机部门提出了更换的申请，但却被一口回绝。

类似经验已经经历了很多，想让其他部门跟着动起来，至少要在将前期工作做到至少95%的阶段才有可能成功。所以对此我完全没有感到意外。

紧接着我有了一个新的发现：齿轮的齿面入口部位，为了使咬合的齿轮更容易进入而进行了倒角处理。M公司的自动启动器游星齿轮只在一面进行了倒角处理，但是原有机型中使用的D公司齿轮则是两面都进行了倒角处理。不仅游星齿轮如此，就连与之咬合的飞轮上的齿圈都进行了两面倒角处理。

由于自动启动器的转动方向为固定的一个方向，所以只需对一面进行倒角处理就足够。正如我在本章中的"1减速机（粉碎机）"实例中指出的，D公司的产品应该是为了提高通用性而进行了双面倒角处理。

这一发现非常重要。这是因为，开发机型的自动启动器游星齿轮的齿数为9个，而启动发动机的齿圈比这个要多很多，其齿数达到了6倍之多。9×6=54个，再加上自动启动器的9个，一共是63个。数量如此多的齿数，采用单面倒角或是双面倒角，成本会相差很多。作为自动启动器的副产物，齿圈的成本也大幅降低。

自动启动器

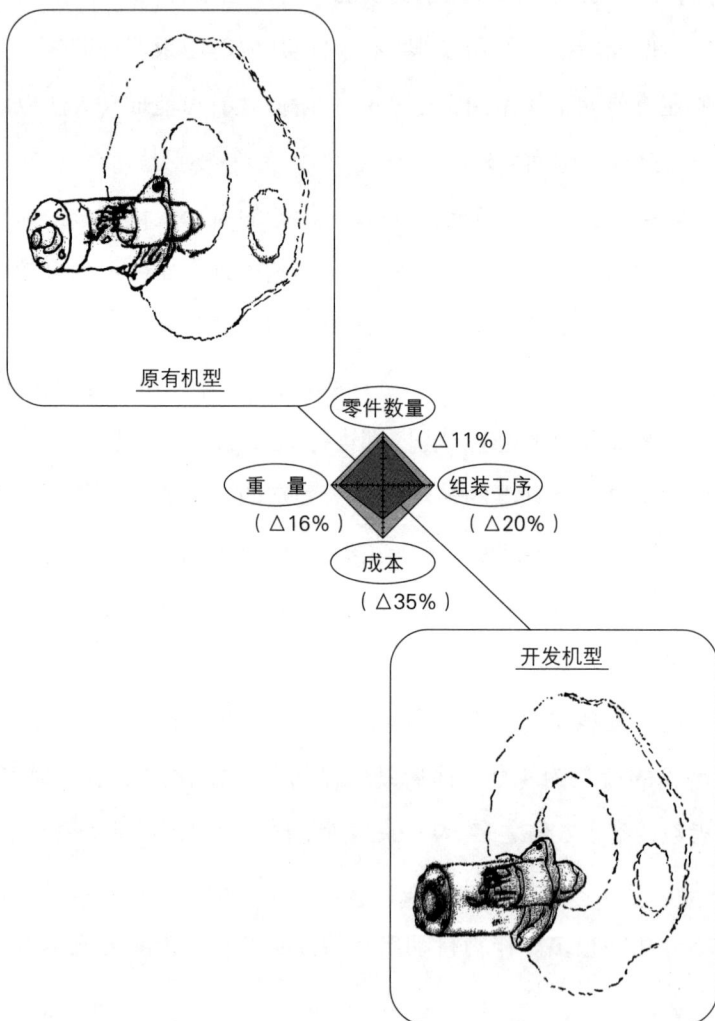

原有机型

零件数量
（△11%）

重　量
（△16%）

组装工序
（△20%）

成本
（△35%）

开发机型

最终，自动启动器采用了 M 公司的产品，原本 D 公司产品的零件数量就比 M 公司的要少，加上这一因素在内，自动启动器本身成本降低的最终成绩为，削减零件数量 11%、削减组装工序 20%、削减重量 16%、削减成本 35%。

在这一实例中，在追求一个零件的成本降低过程中，也带动了相关零件的成本降低。

10 散热器（拖拉机）

散热器就是发动机冷却水的热交换器。拖拉机的散热器与汽车一样，随着作业负荷的加重，发动机就会随之消耗大量的燃料。与之相伴的就是机器振动幅度加大，噪音增加并产生大量的热量。散热器就是将发动机产生的过多热量，通过冷却水在内部管内循环排出到外边的装置。

散热器也是按照汽车的散热器形态来设计的，但是因为行驶速度远远低于汽车，所以与马力数值相比，拖拉机上安装了热交换容量较大的散热器。

一般情况下，散热器都是与汽车相关的专门制造商进行共同开发。这里介绍的开发机型也是与 T 公司共同研发的新产品。汽车行业在欧洲快速发展的时候，T 公司在第一时间将使用了全新材质和结构的划时代的散热器引进到了日本制造的汽车上。

在新开发机型中，主要的成本降低技术源于大胆改进使用材料。

①将冷却水循环的水套所使用的材质从铜管改为铝制材质挤压成型的管材。

②将冷却片的材料从铜制薄板改为铝制薄板。

③将下水室和上水室的制造方式从铜板冲压改为尼龙树脂成型。

④将核心的材质从铜板改为铝制板。

⑤将连接水室和水套的安装托架从钎焊改为将铝制托架铆接在树脂水室上。

⑥将连接水套和冷却片的部分从钎焊改为充分利用铝材自身表面的熔融特性。

将原来以铜为主要材质改为使用铝材。最初在提出使用铝材提案的时候，我很担心是不是容易生锈，或者热传导率会不会降低。但是，在经过 T 公司的试验数据证明后，我对铝材更加有了信心。

更换为铝材后，最大的好处就是加工工序得到了极大幅度的简化。

原有机型采用的是将铜管钎焊固定的加工工艺。在开发机型中，将铝制的零件进行组装，保持在组装完成的状态后从加热炉内通过。在加热炉中，铝材的接触部分就会融合并固定在一起。

这样的加工方法叫作自身表面熔融。运用这一加工手法，原来的钎焊工序就可以全部取消。这样的加工手法在欧洲已经相当普及，我第一次看到的时候就大为感动。

在以上技术革新的前提下，开发机型的零件数量削减 49%、钎焊工序削减 100%、重量削减 63%，最终总成本的削减比例达到 42%。

散热器

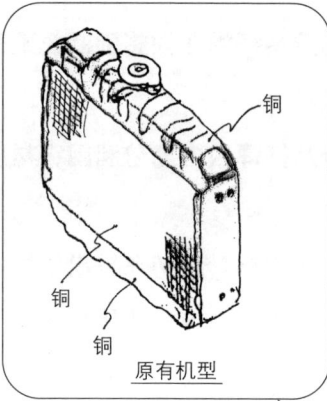

铜

铜

铜

原有机型

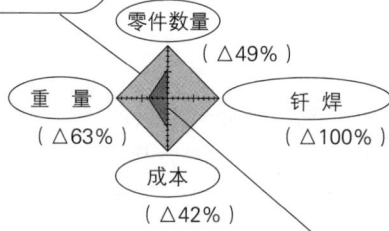

零件数量

（△49%）

重　量

（△63%）

钎　焊

（△100%）

成本

（△42%）

开发机型

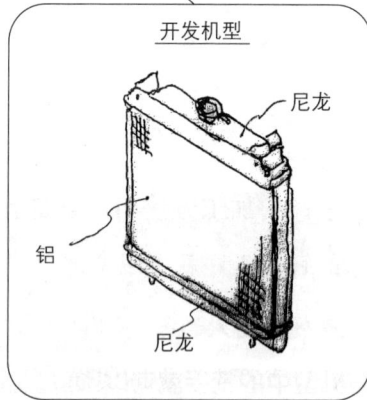

尼龙

铝

尼龙

11 防尘网（拖拉机）

防尘网是安装在散热器前边用来过滤杂质的金属网，其主要作用是防止发动机过热。

比如，在杂草茂盛的地区进行耕耘作业时，枯叶和粉尘飞舞，堵塞在散热器的散热片内，会导致发动机过热。为了防止出现这样的情况，在拖拉机散热器的前面安装一个可以简单装卸的防尘网。

一般情况下，防尘网的构造是覆盖所有吸入面积的形状，拆卸方式因机型不同而有略微不同，主要都是从上方或侧方拆下的构造。

原有机型的防尘网，是在金属网上将钣金冲压的 U 型钣骨边缘安装在四边，为了方便装卸，再用电焊安装钣金冲压的把手。

开发机型使用的降低成本技术非常简单：

①将金属网的边缘用冲压进行弯曲成形。

②通过加大弯曲的幅度，可以起到作为把手的作用，这样原有机型中的把手就可以取消。

经过以上的变更，零件数量变成 1 个，这样就不用再进行电焊工序，整体的构造也更加简洁。

但是，这个防尘网成本降低的地方还不止于此。

③通过更换金属网材料的供货商，将单价成功降低了75%。

我对原来的防尘网的采购成本进行了仔细分析，感觉金属网材料的采购价格格外地高。于是向供货商咨询，对方给出的回答极其冷淡："对于这一材料，给贵公司任何一个工厂供货的价格都是 1300 日元 / 平方米。"于是我向全国的供货商询价。结果发现，从神户的某家供货商那里可以以 330 日元 / 平方米的价格买到相同的金属网。

于是，马上改为从这家供货商采购金属网，用于生产刚刚开发出来的防尘网。

伴随新产品的生产，金属网的供货也非常顺利。有一天，资材部门突然联系我说，金属网的供货暂停，导致生产线一片混乱。问过情况才发现，据说是因为新的供货商遭受了阪神淡路大地震的袭击，无法进行生产。

资材部门的意向是转回之前的供货商，但我担心采购价格会大幅上涨。于是，以与新供货商的价格相同为条件，与原来的供货商进行了沟通。谈判的结果是，之前的供货商很快就答应了。

我后来才了解到，之前的那家供货商当时正因为订单大幅减少而一筹莫展。

通过这件事情，我也再一次感受到，成本与其他所有东西的价格一样，也会受到供求关系变化的影响。

防尘网

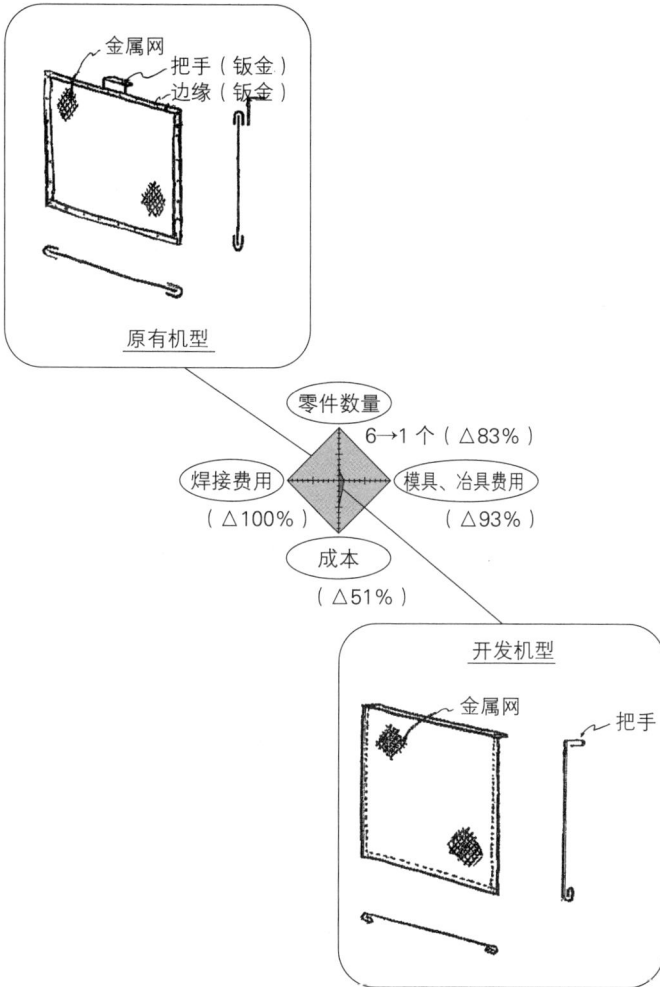

金属网
把手（钣金）
边缘（钣金）

原有机型

零件数量
6→1 个（△83%）

焊接费用
（△100%）

模具、冶具费用
（△93%）

成本
（△51%）

开发机型

金属网

把手

新开发的防尘网，由于材料价格的大幅降低，以及零件结构的简化，最终削减零件数量 83%、削减模具冶具费用 93%、减少焊接工序 100%，成本削减比例达到了 51%。

12 护风圈

护风圈是指为了让发动机风扇的风全部被散热器的散热片所吸收的风导板。护风圈安装在散热器的后边，正中间的巨大洞是安装在发动机上的风扇的位置。

成本降低的努力方向是零件减半，但护风圈却是一个不减少零件也可以降低成本的例子。要点有两个。

①将冲压的工序从四道减少一半，变为两道工序。

在钣金冲压加工的零件中，减少一半冲压工序带来的降低成本的效果与减少一半零件的效果几乎是相同的。如果是生产数量较少的产品，其效果尤为明显，因为模具和冶具费用的折旧比例较高。反过来说也就是，在制作这样的零件过程中，冲压工序减半的话，就可以减少一半的模具费用。

问题是，怎样做到减少一半的冲压工序呢？

我通过剪纸的形式进行了研究。使用 A3 或 A4 大小且略厚的纸，把剪刀、订书钉、透明胶带等放在手边。按照自己的想象反复在纸上进行剪切、弯曲、拉伸、焊接的操作。

钣金的零件，只要不在乎工序和成本，几乎可以做出任何想要的形状。但是，如果需要削减工序和成本，就不能随心所欲地让材料进行伸缩，通过纸板进行试作是非常有效的。

原有机型中，最大的问题就是进行了两次拉制加工。首先在第一步拉制加工中制作出正中间的圆形，接下来的第二步中拉制出四方形。因为有可能出现圆形过深或各个角的 R 过小的情况，所以需要分成两道工序。

还有就是为了做出开孔部分的倾斜角度，还需要另外的一道"撬边"的工序。

于是在开发机型中，将零件修改成了如图所示的形状，以确保在拉制工序后可以同时进行切削周围边缘与开孔的工序。这样一来就可以去掉"撬边"的工序。

采用这一加工方法，通道内会留有微小的边缘，所以有人担心通风效果会变差。但经过试验发现几乎没有什么影响。

②将使用材质替换为镀铝钢板，取消整体涂装。

另外一个要点是对涂装进行重新研究。对各个工序进行研究以寻找降低成本的要点，最终，我将目光放在了加工、模具和涂装上面。取消整体涂装，并且将材质更换为镀铝钢板。冲压加工的断面虽然会出现生锈的情况，但不会深入到内部。对于零件本身的抗腐蚀性要求，基本可以满足。

采用以上处理，虽然零件数量没有发生变化，但是模具费用削减了 50%，涂装费和镀铝钢板价格的差，即表面处理费用削减了 74%，成本共计降低了 73%。这个实例中，只是对原有机型进行了稍微的改动，就削减了如此多的成本。

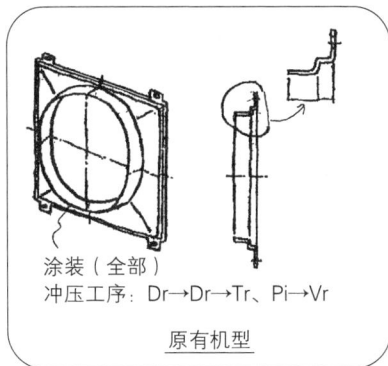

涂装（全部）
冲压工序：Dr→Dr→Tr、Pi→Vr

原有机型

零件数量
1→1 个（△0）

表面处理费用
（△74%）

模具费用
（△50%）

成本
（△73%）

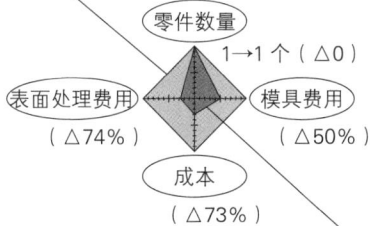

开发机型

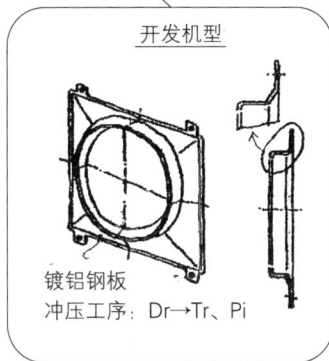

镀铝钢板
冲压工序：Dr→Tr、Pi

13 操作杆支点部位（拖拉机）

拖拉机等农业机械中，都有若干个操作杆。这里介绍的是拖拉机的副变速操作杆和 PTO 操作杆。

拖拉机的驾驶座位与汽车有很大不同，因为拖拉机驾驶座位需要暴露在雨中或多灰尘的环境，甚至是水田的泥泞中。而且，拖拉机不是每天都要使用，在农闲季节还会被放置在农机具的小屋或露天环境内很长一段时间后，再被使用。

类似情况下，如果被长时间放置，一般的摇动部位都会出现生锈（腐蚀）导致操作困难。为了防止出现这种情况，以前对这种既费力又要求构造精度的重要支杆部位，都是用油封或 O 型圈密封润滑油。

相反，对一些不需要那么大的操作力气，以及对精度要求不是很高的操作部位，采用的是即使出现生锈的状况也不会对操作性能造成太大影响的构造。但是，随着使用时间的延长，这一操作杆会变得越来越重，有的需要将操作杆拆开清洗。

下文将要介绍的是现有机型中结构较为简单的操作杆支点部位的降低成本的实例。

①操作杆的支点轴使用圆棒的拉线材料。

原有机型中使用的是六角形棒拉线材料，对轴部和螺丝部位进行车削加工。开发机型中使用了更为简单的圆形棒材进行拉线加工。

②拉线材料采用向操作箱的扩孔内进行压入的结构。

这时，扩孔在成为袋状的时候，为了防止空气被封在内部，需要在支点轴的压入部分用车削加工出螺旋状的纹路。

③使用将平钢进行 U 形弯曲的构造来制作操作杆。

原有机型中的操作杆顶端（管材）就可以取消，因为不需要焊接工序，所以为去除焊接变形的铰刀加工工序也可以取消。

④在操作杆下端制作出插进去卡住的部位。

⑤将拉杆的直角弯曲的内 R，改为绩效的弯曲 R（0.2 ~ 0.5）。

⑥拉杆边缘使用冲压压制成型的形状，插在操作杆下端的拉杆孔内予以固定。

⑦将组装操作杆的支点轴顶端部的固定构造，改为与垫圈一起使用的轴用固定轮构造。

通过采用以上方法，将产品改为没有焊接部位的冲压产品构造，使操作杆和支点轴的构造变得极为简单。这样一来，原有机型中的弹簧垫圈、轴套、带头销钉、开口销等细小的零件就一扫而光。

结构变得简单的操作杆支点部分，是如何解决生锈问题的呢？在原有机型中，轴部生锈，多发生在轴套和轴的缝隙之间，从而导致所需的操作力量增大。在开发机型中，采用了与原有机型完全不同的创意。

对用来制作操作杆的平钢进行冲压加工开孔，为防止生锈进行简易的电镀处理，但是在不同的使用条件下，开孔部位还是多少会有一些生锈现象。但开发机型中，即使出现这样的生锈现象，也不会对操作产生影响。

这是为什么呢？其原因在于冲压孔的形状。采用冲压进行开孔的时候，不会像切削孔或铰刀孔一样与板材整体进行接触。冲压孔的板材厚度的 30% 左右会成为断面并会嵌入轴部，其他部分则会呈锥形伸展开来。即使生锈，因为轴与孔之间的接触面积很小，不会导致操作杆变重，所以仍然操作自如。

实际上经过盐雾试验和长期放置等耐久测试，评价结果显示抗生锈程度要强于原有机型，这也是支点构造的优点之一。

最终的开发机型，削减零件数量 63%、削减组装工序 72%、焊接工序全部取消。最终降低成本比例达到 60%。

操作杆支点部位

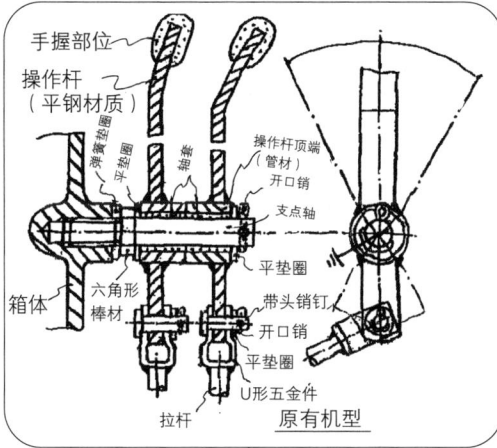

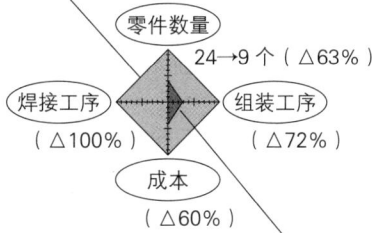

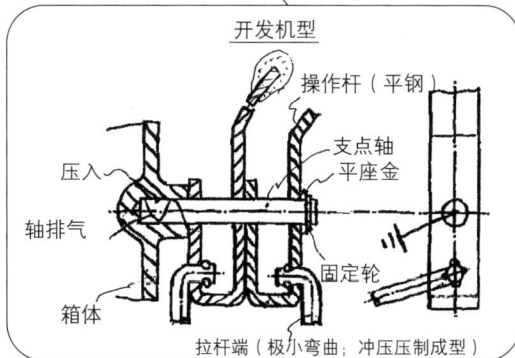

手握部位
操作杆
（平钢材质）
弹簧垫圈
平垫圈
轴套
操作杆顶端（管材）
开口销
支点轴
平垫圈
带头销钉
开口销
平垫圈
U形五金件
箱体
六角形棒材
拉杆
原有机型

零件数量
24→9 个（△63%）

焊接工序
（△100%）

组装工序
（△72%）

成本
（△60%）

开发机型

操作杆（平钢）
支点轴
平座金
压入
轴排气
固定轮
箱体
拉杆端（极小弯曲；冲压压制成型）

179

14 操作链杆部位（拖拉机）

我在担任技术指导的时候，曾给开发负责人提出过一个这样的课题。

"请设计出一个操作链杆构造，要在横向间隔一定距离的位置之间有两个几乎相同高度的转动支点轴，可以随意摇动的悬臂（上端有支点轴的孔，下端也开孔）与可以随意摇动的操作杆（上端用于手握，中间部位有支点轴的孔，下端也开孔）通过各自的支点轴进行控制，悬臂的下端部的孔和操作杆下端的孔通过拉杆进行连接。"

下面来介绍一下作为该课题的解决方案，制作的操作链杆部位的模型图。拖拉机等各种农业机械，都有多处使用到类似的操作链杆。

开发人员绘制出的图纸，加进了各种创意，且每个人的构造都有各自的特点，零件数量、加工工序、组装工序、重量等也各不相同，最终结果都会反映在品质和成本上。

开发负责人的设计能力如实地在图纸中得到反映，这不仅是每个担当的问题，也是整个开发现场整体水平的体现。所以，作为项目负责人或团队负责人，就需要设置一个系统学习的场所，来提高全体现场人员的开发能力。

那么，把这一零件的原有机型和开发机型进行对比，马上就会发现，前者结构复杂，后者结构简单。越是简单的东西，其完成度就越高，越复杂的东西完成度就越低，越不成熟。

这样的差别究竟源自哪里呢？我认为主要取决于是否掌握了用本书介绍过的"成本计算手册"马上计算出成本的能力，以及对技术的灵活运用能力。这是作为开发人员的明显的分界线。

开发机型中的降低成本要点如下：

①将悬臂改为使用平钢进行裁切、穿孔制作而成。

②操作杆也改为使用平钢进行裁切、穿孔制作而成。

进行以上改变后，零件由原来的四个变成了平钢和手握部位两个部分。此外，焊接和切削工序也得以省略。

③拉杆采用内部弯曲 R0.5 的断面冲压压制成型技术。

这里最为重要的是将拉杆进行弯曲加工的技术。

原有机型，是将拉杆放在 V 字形的管材上，从上方进行冲压加工来实现弯曲效果。但是，这种加工方法一般是用于与拉杆直径相同的内部弯曲 R，而且拉杆外径会出现冲压痕迹，所以对 R 值较小的弯曲处理比较困难。

因此，我又仔细研究了其他的加工方法。即在磨具的横方向上开一个与拉杆直径相同的孔，将拉杆插在开孔内，然后将外边的拉杆进行冲压加工以确保模具的拉杆孔出的角向内弯曲 R。采用这样的加工方法，可以简单地加工出 R0.2 ~ 0.5 毫米的弯曲，不会对开孔的插入部位造成压痕。

在这一加工方法中，根据材料的特点来进行实际加工是非常重要的。

④手握部位用软质塑料制作，进行压入式组装。

经过以上的改进，原来机型的手握部位中使用的螺丝和螺帽，在新开发机型中就可以完全取消。

与原有机型进行比较的话，开发机型的零件数量削减了69%、组装费用削减了48%、焊接全部削减（不包括支点部位），最终全部成本削减了55%。

操作链杆部位

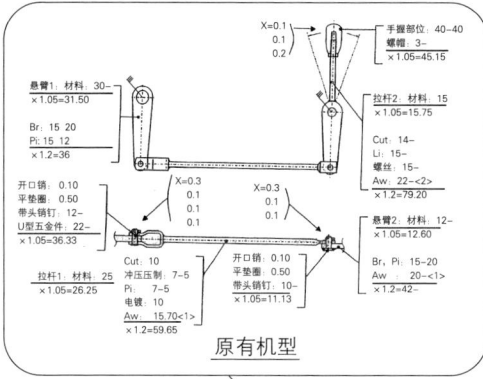

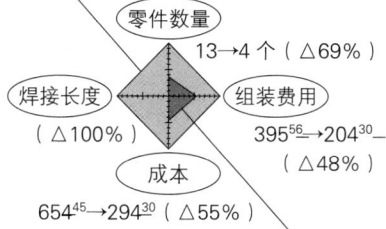

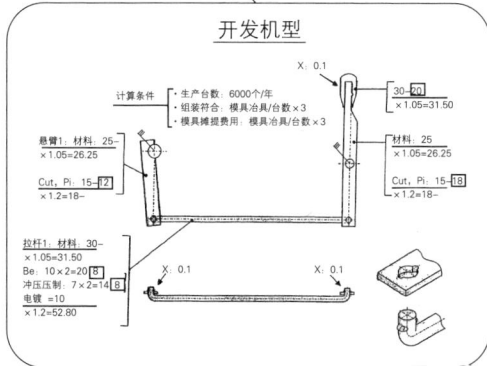

X=0.1
0.1
0.2

手握部位: 40-40
螺帽: 3-
×1.05=45.15

悬臂1: 材料 30-
×1.05=31.50

Br: 15 20
Pi: 15 12
×1.2=36

拉杆2: 材料: 15
×1.05=15.75

Cut: 14-
Li: 15-
螺丝: 15-
Aw: 22-<2>
×1.2=79.20

开口销: 0.10
平垫圈: 0.50
带头销钉: 12-
U型五金件: 22-
×1.05=36.33

X=0.3
0.1
0.1

X=0.3
0.1
0.1

悬臂2: 材料 12-
×1.05=12.60

Br, Pi: 15-20
Aw : 20-<1>
×1.2=42-

Cut: 10
Pi: 7-5
电镀: 10
Aw: 15.70<1>
×1.2=59.65

冲压压制: 7-5

开口销: 0.10
平垫圈: 0.50
带头销钉: 10-
×1.05=11.13

拉杆1: 材料 25
×1.05=26.25

原有机型

零件数量

13→4 个（△69%）

焊接长度

（△100%）

组装费用

395⁵⁶→204³⁰－

（△48%）

成本

654⁴⁵→294³⁰（△55%）

开发机型

X: 0.1

计算条件
・生产台数: 6000个/年
・组装符合: 模具冶具/台数×3
・模具搬提费用: 模具冶具/台数×3

30-20
×1.05=31.50

悬臂1: 材料 25-
×1.05=26.25

材料: 25
×1.05=26.25

Cut, Pi: 15-12
×1.2=18-

Cut, Pi: 15-18
×1.2=18-

拉杆1: 材料 30-
×1.05=31.50
Be: 10×2=20 8
冲压压制: 7×2=14 8
电镀 =10
×1.2=52.80

X: 0.1

X: 0.1

183

15 方向盘（拖拉机）

拖拉机的方向盘曾经与汽车使用的是相同的产品，都是从汽车零件制造商进行采购。随着设计的更新换代，为了更便于观察车速表等仪表台的部分，汽车的方向盘也从三幅方向盘变成了两幅方向盘。

拖拉机方向盘的变化也随之应运而生，开始开发两幅方向盘。如果变成两幅方向盘，确实可以更加方便地观察到仪表台，对于用户来说更有吸引力。但是，当时正值日元升值，如果重新开发，模具的折旧费用再加入到产品中，我担心价格会大幅上涨。

有没有方法可以彻底地降低成本？正在考虑这个问题的时候，我看到了小孩在公园等地方玩耍的儿童玩具车的方向盘。拐弯的时候用力扭动的方向盘，虽然是用塑料制作的，但是看上去相当结实。

拖拉机的方向盘与汽车的方向盘一样，里边都装有铁制的芯。于是我想到，能否制作出无须使用铁芯，像儿童玩具汽车一样结实的方向盘呢？

此外，我回忆起大约是十年前曾经发生过的针对某汽车制造商的轻型汽车方向盘出现龟裂的投诉事件，也更加让我坚定了制作不需要铁芯的方向盘的决心。

夏天的时候，在阳光的直射下，车内的温度最高会达到80摄氏度。方向盘的龟裂似乎就是在如此高温下，方向盘内部的铁芯和外边的塑料之间的膨胀比例不同而造成的。

于是，我迅速向为丰田汽车制作方向盘的专门制造商进行了咨询。我将最大操作扭矩和最高行驶速度等与设计相关的要素告诉对方，请对方研究制作没有铁芯的方向盘是否可行。

不久后我得到了对方的答复，方向盘和方向盘幅内即使没有铁芯也没问题。如果是汽车方向盘是不可行的，但如果是拖拉机用的方向盘则没有问题。虽然小型拖拉机也被划分为小型特殊车辆，但其最高时速的上限被限定不能超过15千米/小时。

所以，拖拉机方向盘的最大操作扭矩为2千克米。扭矩又称操作力偶，指的是在转动方向盘的时候，在距离方向盘中心1米处的圆周上作用的力量为2千克。

实际上转动方向盘的时候是用手握住方向盘来转动的，2千克米的扭矩换算成实际情况为单手握方向盘时的10千克，双手握方向盘的时候每只手为5千克，也就是说只要方向盘能承受这样的力度就可以。

我委托专门制造商对以上数据进行了试算，他们回答说如果是这样的强度，全部使用塑料也已经足够。这是因为，时速达到100千米/小时甚至200千米/小时的汽车和时速15千米/小时的拖拉机有着本质的区别。

我们马上绘制出包括计划图和外观设计在内的详细零件的

图纸。然后制作出仿制模型（原尺寸大小的黏土模型）来研究塑料的成形性能并进行了试制。

新开发产品的主要改进点如下：

①把方向盘和方向盘幅的铁芯全部去掉，只使用塑料材质。

②将方向盘的塑料断面设计成反向 U 字形，方向盘幅的塑料断面设计成 E 字形。

如果将塑料的断面制作成实心的圆形，与模具接触的外层很快就会凝固，中心的部分很难固定成型，而且还会因为缩痕在外观形状上出现坑洼。另外，如果一直等待彻底凝固，生产效率也会降低。

为了减少缩痕并保证足够的强度，在断面形状上进行了一番研究。反向 U 字形的方向盘部位，重要的一点是确保在转动方向盘的时候不会让驾驶人员的手指和指甲卡在凹槽内。另外，方向盘幅的断面设计成 E 字形，是为了让它拥有比方向盘本身更大的承受力，因为越靠近方向盘的中心，扭力就越大。

③将方向盘盖的凸起部分用铝压铸材料代替原来的铁质材料切削加工零件，使用的是完全没有进行机械加工的零件，与塑料部分进行夹物模压成形。

经过以上改善，零件数量削减了 50%、机械加工工序削减了 100%、重量则因为取消了铁芯而削减了 57%，总成本削减比例达到 61%。这一新型的方向盘，现在已经被应用到了多种机型上，产量也大幅度增加。

方向盘

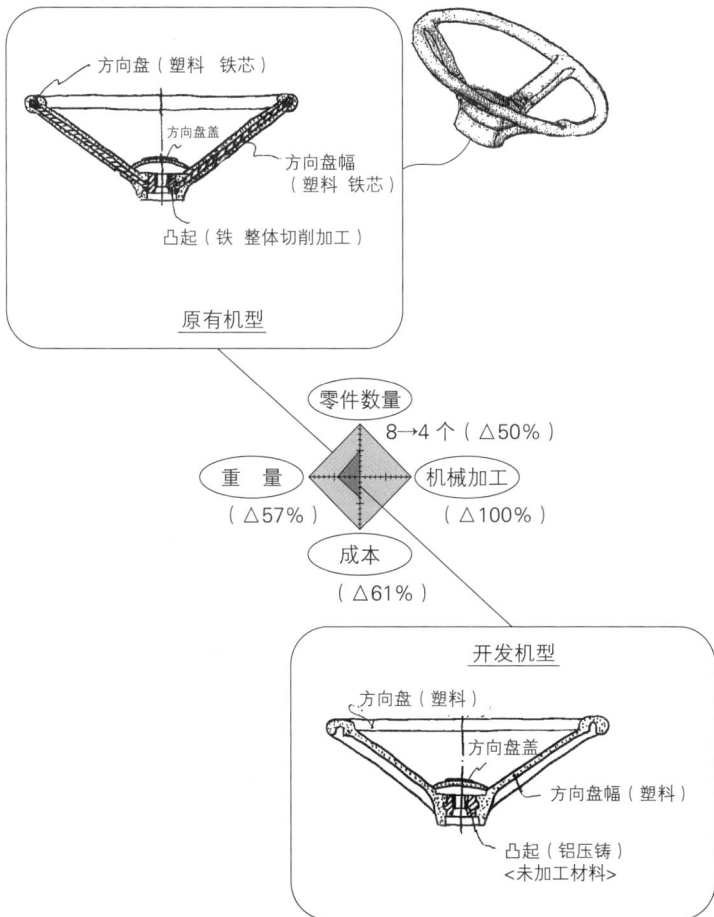

方向盘（塑料 铁芯）

方向盘盖

方向盘幅
（塑料 铁芯）

凸起（铁 整体切削加工）

原有机型

零件数量
8→4 个（△50%）

重　量
（△57%）

机械加工
（△100%）

成本
（△61%）

开发机型

方向盘（塑料）

方向盘盖

方向盘幅（塑料）

凸起（铝压铸）
＜未加工材料＞

这一实例说明，直接以汽车使用的零件为原型制作的零件，尽管强度和性能方面都十分理想，但其中却隐藏着可以降低成本的多余部分。

16 油压气缸（插秧机）

油压气缸可以通过油压来产生巨大力量，在施工工程车等工业机械方面的应用十分广泛。

油压气缸为了确保不会出现漏油的情况，对密封性能和耐久强度方面的要求极高。以前一般都是以从油压相关的专业制造商那里采购。但是，专业制造商很难有专门针对农业机械的设计，难免出现"大材小用"的情况。插秧机的油压气缸，也属于同样的情况。

但是，插秧机在日本每年只会有 1 ~ 2 周的使用时间，其他时候都是放置在仓库里等着来年再次使用。在这样的使用条件下，考虑到要确保应有的使用年数，就需要制作出适合插秧机的油压气缸。

而且，本书介绍的进行开发的插秧机，是以平原的边缘地区和山地为主要使用区域，且在"步行农业向乘坐农业转变"的市场战略下进行的。那个时候，人跟在机器后步行的步行式 4 行插秧机的售价是 63 万日元，而乘坐在机器上的乘坐式 4 行插秧机售价是 93 万日元。我们的开发目标是研制低于 60 万日元的乘坐式插秧机。

当时的乘坐式插秧机价格偏高且笨重，在山区水田使用的一个问题是进出农田和移动都很不方便。因此，开发新产品中的首要课题就是将售价降低 35% 的同时，将所有零件减少一半以上，以实现减轻机器重量的目的。

其中一个最为重要的单元就是油压气缸。

油压气缸的成本降低技术主要有以下几点：

①原有机型中是将小物品零件焊接在气缸后，再进行珩磨加工。在开发机型中，使用珩磨管焊直接焊接完成。

原有机型中，因为需要在气缸外侧焊接弯管等小零件，所以气缸的内面会出现变形或收缩，所以需要在焊接后对气缸内面进行珩磨加工。珩磨加工指的是用珩磨器的磨石将管材内径面的切削加工及材料表面研磨光滑的工艺。在开发机型中，使用了市面上销售的已经进行过珩磨加工的弯管，为了使焊接产生的变形不影响到珩磨加工后的管，进行了以下处理。

②对两个安装凸起部位进行重新研究，一个方法是将珩磨管进行倒角处理以减少焊接部分的直径。其他的配管也直接焊接在气缸外部。

这里采用将弯管头部弄尖来减少与外径部的接触面积，从而达到减少焊接长度的目的。由于接触面积减少，原本气缸表面为焊接弯管而进行车铣加工使表面平整的工序也可以省略。通过减少焊接长度，既可以减少焊接费用，还可以省去车铣加工，此外变形部分也减少，可以说是一举三得。

③原有机型中，活塞杆整体进行旋削加工后再经淬火、研磨、电镀、再次研磨等工序。在开发机型中，活塞杆使用的是

不锈钢的拉制材料，所需工序缩短为将两头进行旋削加工后，再对外径部分进行研磨加工。

④取消活塞杆端的凸起，在活塞杆上用铰刀开孔。

⑤取消活塞和拉杆嵌合部位的 O 型圈，将两者中间制作出数毫米的紧密嵌合部分，形成压入式密封。

使用 O 型圈的目的就是防止漏油，采用以上的构造也完全可以防止漏油。

⑥将活塞压入到拉杆内后，原来通过螺丝帽加以固定的活塞拉杆部分进行铆合，将活塞拉杆和活塞进行一体化处理。

⑦取消活塞拉杆开孔一侧的轴套，在内径进行旋削加工制作出螺旋形的槽，通过油槽防止烧焦。

极限耐久测试的结果显示，在这种插秧机的正常工作负荷下，以上构造不会出现烧焦现象。但是，如果在更加严酷的使用条件下，就需要使用轴套。

⑧气缸本身安装的一端，将原有机型使用的锻造材料改为将平钢进行弯曲处理的钣金材料。

⑨气缸内的内压为 100 千克／厘米，属于低压的范围，而且使用时间也很短，所以取消活塞的浮动油封和支撑环，只使用了 O 型圈。

⑩接下来，取消拉杆端内径侧的浮动油封和支撑环。

如果是使用频率高的农业机械，这样的构造是无法承受工作负荷的。但是，如果是一年只使用两周左右的插秧机，经过各种耐久测试和性能测试，结果显示这样的构造已经足够。

经过以上降低成本的改进，这一油压气缸的零件数量削减了55%、机械加工工序削减了70%、重量削减了35%，总成本削减比例达到64%。

对某个特定的零件施加的力量有多少，对其中的力进行准确解读，并根据实际的使用频率来选择相应的材料，来对构造进行重新设计制作，这就是降低成本的秘诀。

使用插秧机的用户是无法看见这个零件的，这就需要设计人员来进行发现并为用户进行改善。如果做不到这一点，那么增加的成本部分就会反映在产品的售价中，最终还是被转嫁到用户身上。

在这一款插秧机的开发过程中，我对所有零件都进行了成本降低的研究，而且与原有机型相比还成功实现了重量的降低。因此，其在山区地带的行驶性能和操作性能得到了充分的发挥，受到了市场的热烈欢迎。插秧机事业的市场份额也一跃攀升至23%，从推向市场的第二年开始还为其他制造商提供代工生产服务，该型号也成为加快插秧机开始乘坐化的招牌产品。

油压气缸

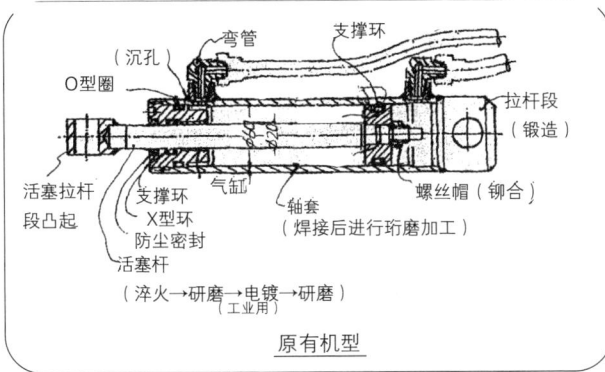

原有机型

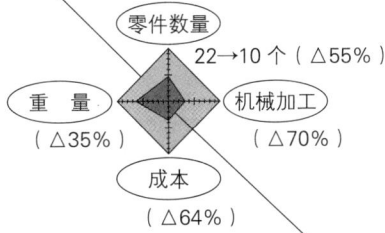

零件数量
22→10 个（△55%）

重 量 机械加工
（△35%） （△70%）

成本
（△64%）

开发机型

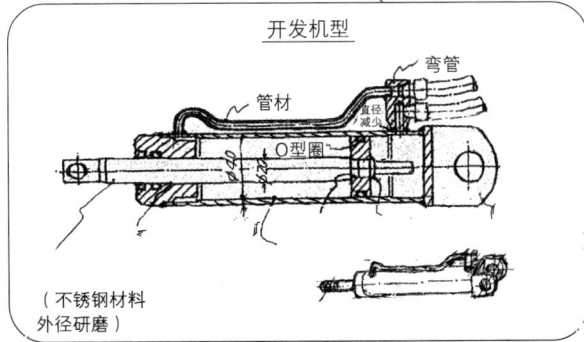

（不锈钢材料
外径研磨）

17 升举阀（插秧机）

升举阀是提升和降低悬挂在插秧机机身后的插秧部分的装置。当插秧机行驶在田间道路或田埂的时候，插秧部分处于升起的状态，进入水田插秧的时候，需要驾驶员进行操作让其降下。

另外，在进行插秧作业的时候，通过划过水田平整面的浮标来自动感测表土的高度，通过系统将变化信息反馈给升举阀。

插秧机将禾苗种到土中的深度几乎都是固定的，所以升举阀需要接受反馈后，不断重复升降的动作，如果表土高的话需要提高插秧部分，如果表土低的话则降低插秧部分，通过这样的控制来确保种下的苗一直保持一定的高度。

首先，我们通过对升举阀的原有机型和开发机型的图纸进行比较，马上会发现单元的大小和构造完全不同。之所以出现这样的不同，可以说是插秧机团队在"零件减半""成本减半""性能提升"的口号之下团结一心进行开发的结果。

其中降低成本的技术主要有以下几点：

①将原有机型中使用型芯的高价铸造材料制作的或斜或弯的复杂油路，改为不使用型芯的廉价铸造材料，油路也改为直线形状。

经过这一改进，不使用型芯的铸造材料使得成本得到大幅度降低。

②阀芯使用了比原有机型直径更小的材料。

③另外，将阀芯顶端设计为露在外部的构造，为了避免出现生锈现象，用不锈钢材料代替原来的渗碳淬火的钢材料。

④原有机型中，阀芯的放油槽口通过另外工序进行铣床加工，在开发机型中采用了旋削加工。

⑤启动阀芯的操作杆支点部位，采取了取消铝制箱体的做法。

⑥将操作杆移至外侧，安装升举阀的五金件一侧采用了价格更为低廉的设置。

⑦随着压力增加可以自动打开放油的安全阀，用横向活塞式代替原来的提升式，同时取消原来的阀座。

⑧将安装管材的五金件，从复杂的铆合式改为更为简单的管材开口进行安装。

⑨安装螺丝从三个减少为两个，避免了拧紧螺丝时引起的阀芯孔径的变形。

经过以上调整，开发机型的零件数量削减了58%、组装工序削减了62%、重量削减了75%、最终成本削减比例达到54%。

升举阀

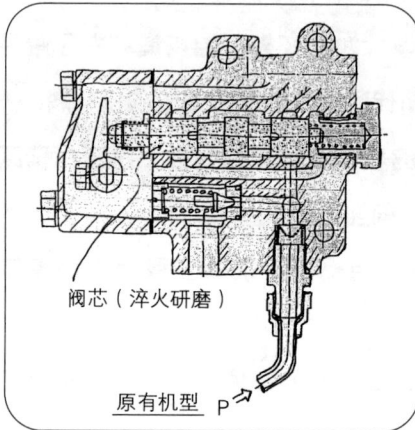

阀芯（淬火研磨）

原有机型 P

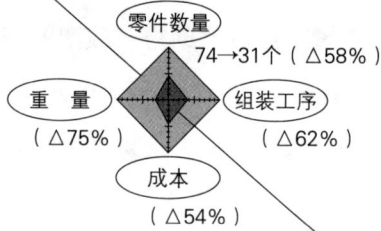

零件数量
74→31个（△58%）

重　量
（△75%）

组装工序
（△62%）

成本
（△54%）

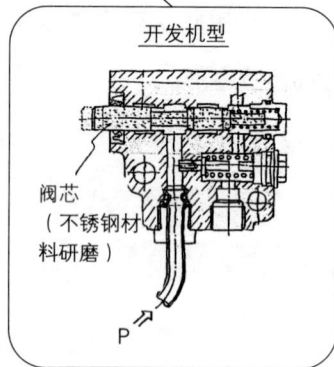

开发机型

阀芯
（不锈钢材
料研磨）

P

与上一个项目中介绍的气缸相同，这个升举阀也是插秧机整体中承担核心功能的装置。一般情况下，开发人员对产品心脏部分的单元改进的积极性不像其他零部件那么高。但是，这一款插秧就是通过对核心功能部分进行彻底的成本降低改造而取得了上述的巨大成果。

18 油底壳（发动机）

油底壳位于发动机下方，是用于储存发动机机油的装置。农业机械中使用的油底壳，会因不同产品的特性被制作成不同的形状。

比如在斜度较大的坡地进行作业或行驶的机械，会因为机身倾斜导致油底壳内油面倾斜，甚至有引起发动机无法充分润滑的风险。为了避免出现这种情况，可以考虑将油底壳设计成比较深的形状。但如果过深的话，就又会使油底壳与地面之间的距离过近，在松软的湿地或垄沟内作业时会使泥土和作物碰触到油底壳，从而影响行驶性能。

经过长时间使用后的发动机机油，需要拔出放油螺塞将废油排出。这一放油螺塞的安装方法，也会因发动机的安装位置和构造而分为向下和横向两种。

此外，油底壳还需要具备遮挡发动机内噪音（爆破声音和转动声音）向外泄露的隔音效果。

在提升这些功能的同时，还能用什么方法对油底壳进行成本降低的改善呢？

①将油底壳的厚度从 1.6 毫米改为更薄的 1.2 毫米。

使用厚度更薄的板材，有导致噪音泄露的可能。但是，有实验结果证明，真正的噪音其实是风吹的声音、振动声音及排气声音，而不是来自发动机内部。也就是说，噪音与油底壳的板材厚度没有什么必然联系。

②将板材的表面处理由原来的整体涂装改为不进行涂装的钢板电镀。

③将冲压工序从四道工序减少为三道工序。

这是因为将油底壳安装在发动机上时使用的法兰部位的形状按照图纸所示的样子从弯曲加工改为了向下折弯。

④将放油口凸起部位由旋削加工产品改为钣金冲压加工产品。

⑤接下来将放油口凸起部位的整圈焊接改为凸焊。

对凸起部位的这两个改进措施，带来了极其显著的降低成本的效果。因为凸起部位的零件费用及加工费用大约占油底壳整体费用的二分之一。焊接费用约占整体费用的五分之一。

原有机型中，因为采用整圈焊接会导致螺丝的尺寸出现收缩，所以需要用丝锥来对螺丝孔进行攻丝处理。另外，不是完全焊接的情况下，为了避免漏油现象的出现，要在焊接后全部进行压力检测。

压力检测的具体方法为，在油底壳和发动机之间的安装面套上橡胶条，然后将放油螺塞一侧向油底壳内灌满空气后泡在水里，来确认是否有空气（气泡）冒出来。如果漏气的话，就说明焊接得不够。与攻丝处理一样，这也是非常麻烦的工序之一。

在开发机型中，将凸起部分设计成饭团子的形状，在三个地方进行凸焊。这三个凸起如图所示比垫圈的底座还靠近外侧，所以从构造上考虑，不会受到焊接导致的变形影响。此外，即使出现焊接失误，因为凸起部分在油底壳内部，也不会有漏油的可能性。

经过这样简单的调整，对螺丝孔的攻丝处理及全部的压力检测这两个极其麻烦的工序就可以取消。

这个由钣金制作的放油螺塞中，还加入了另外一个非常优秀的创意。那就是在饭团子形状的底座与螺丝头部的接触面上开了三个小孔。这样的话，在拔出放油螺塞排放废油的时候，就可以几乎将油底壳内的油全部排出。

采用以上降低成本的技术后，尽管开发机型的零件数量没有减少，但通过减少冲压工序和更换更薄的板材削减了20%的重量，此外再通过改变焊接方式来取消压力检测工序及取消涂装工序等手段，最终总成本的削减比例达到44%。

油底壳

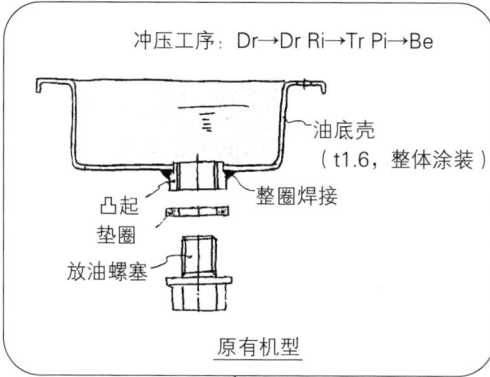

冲压工序：Dr→Dr Ri→Tr Pi→Be

油底壳
（t1.6，整体涂装）

凸起
垫圈
整圈焊接
放油螺塞

原有机型

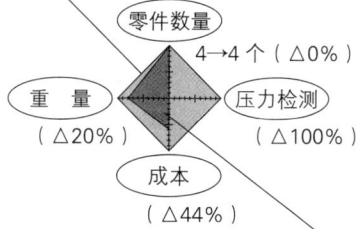

零件数量
4→4 个（△0%）

重 量
（△20%）

压力检测
（△100%）

成本
（△44%）

油底壳

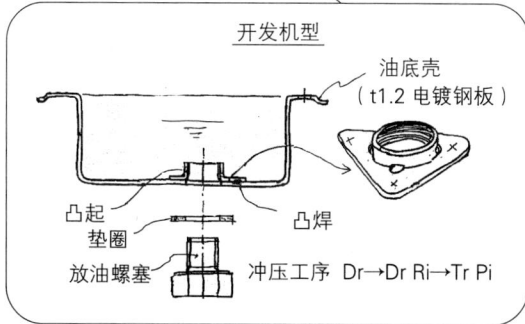

开发机型

油底壳
（t1.2 电镀钢板）

凸起
垫圈
凸焊
放油螺塞
冲压工序 Dr→Dr Ri→Tr Pi

19 管接头（普通）

这里的管接头，是应用于汽车刹车部位及高压油压管件部分的非常常见的一种零件。本书前文介绍过的油压气缸中的弯头，也是这里所说的管接头的一种。

最初的油压机器技术以源于美国的航空制造业和汽车制造业的技术为主流，农业机械领域也是在引进应用这些技术的同时，致力于产品的开发研究。

油压机器与汽车电器配件一样，随着时代的发展，在机械产品中所占的比重越来越高。正因为它们发挥的功能越来越重要，当前关于机械自动化的控制技术，也大都采用油压和电子控制的方式。

特别是在对"力量"要求高的技术中，油压就更是非常有效的手段，已成为机械大型化和效率化中不可或缺的技术要素。

在这样的潮流中，近年来油压机器越来越呈现出高压化的趋势。只要油压增高，哪怕是一个体积很小的机器，也可以释放出更加强大的力量。

原有机型，经常使用的是眼镜式和弯管式两种。但是，比如眼镜式，眼镜部位的加工工序过多，导致成本增加。另外，管件的连接方式为焊接构造，需要对所有零件都进行漏油测试。

此外，还有需要改进的地方。

关于空心螺丝的使用，在油路开孔的交叉部分会形成最小断面，需要对六角螺栓的紧固扭矩进行管理。如果拧得过紧，有可能导致螺栓折断；如果拧得不够，又会引起垫圈部分的漏油。

这里使用的是 O 型圈和铜制的退火垫圈。O 型圈在防止漏油方面的性能非常优越，可是在纹路加工费方面的成本却非常高。

在开发机型时，为解决以上问题进行了如下改进。

将原有的油压管件改为管件扩口螺栓固定式。

汽车中采用的管件扩口螺栓固定式构造简单，且随着加工精度的提高，密封效果也很稳定。成本方面，与其他形式相比也非常低廉。

但在技术方面还有若干需要注意的地方。

首先最为重要的是确保扩口部位与螺孔下方的锥面的同心度相同。为确保螺栓孔和锥形垫圈的同心度，一般都是使用专门工具来进行加工。

扩口加工有单层扩口和双层扩口的区别，双层扩口可与垫圈更容易贴紧，防止漏油的性能更高。管材的扩口加工，使用专门机器在几秒钟内就可以完成，一般都是由关键制造厂家来进行生产。

管接头

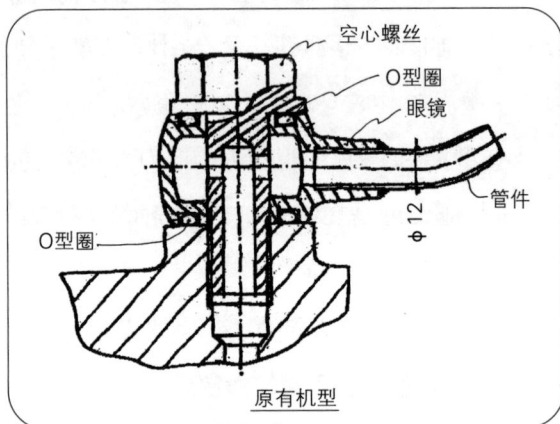

空心螺丝
O型圈
眼镜
O型圈
φ12
管件

原有机型

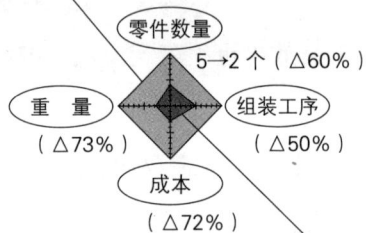

零件数量
5→2个（△60%）

重　量
（△73%）

组装工序
（△50%）

成本
（△72%）

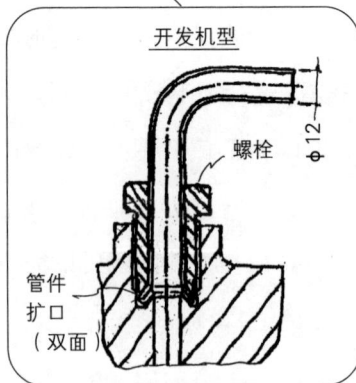

开发机型

螺栓
φ12

管件
扩口
（双面）

穿过油压关键外径的螺栓的内径，空隙越大就越能防止出现偏芯，与扩口部位的密封程度就越高。但是，如果太大的话，就会因为油压的冲击和管件的振动而振动，从而有可能导致扩口部位出现破损，这一点尤其需要注意。标准的尺寸全部刊登在日本汽车行业标准（JASO）中。

此外，管材中用于高压的有 OST 管和双层卷焊管。用于中压的一般是价格较为低廉的管材（STKM）。

图示中开发的油压管件直径为 12 毫米级别，其中零件数量削减了 60%、组装工序削减了 50%、重量削减了 73%，最终成本削减比例达到 72%。

20 圆形管件边缘部位（普通钢管）

钢管中的圆形管件，因其材质轻便而被用于众多场合。

只是，在将管件切断后的边缘部分，有时会保留开孔进行使用，有时则出于外观和提高功能方面的考虑需要将开孔堵上。堵上开孔的方法，根据零件的不同使用场合来进行合适的边缘处理，有的会用圆铁板焊接在管件的边缘，也有的会像图示中一样采用塑料帽或橡胶帽安装到边缘部位。

本书在这里向各位读者介绍一种通过旋压加工来堵住开孔的新方法，使用这种方法费用非常低廉。

我最早见到这种加工方法是在某个工作机械展览会上。看到会场的一个角落被围成人墙，我挤进去一看，发现那里正在进行实际演示，简易旋床的卡具上放上管件让它高速旋转，然后让刀具台上伸出的刮刀与管件的边缘进行一瞬间的接触（大约1秒钟），来将管件边缘制作成球形。管件的直径约为1.7毫米，长约200毫米。

一般的旋压加工方法是将模具和钣金材料重叠，在干燥状态下不使用油，将刮刀压在搬进材料上，如同转动陶轮般进行旋转成形。但是，我看到的却是在管件内部没有插入模具的无模具加工工艺。

当刮刀与管件接触的时候，管件发热并冒出淡淡的烟，管件顶端的颜色由于摩擦生热变成蓝色，同时也变成与刮刀头一样的形状。管件的中心变成直径约 4 毫米的小孔，完全变成球形并将开孔堵上有一定的困难。但是，从看到它的第一眼，我就觉得这个想法非常吸引人。

向厂家索要了一份样品返回公司后，我就马上考虑如何将这一旋压工艺应用到插秧机的新产品开发中。

原有机型中采用的方法如图所示，将管件进行旋床加工，对内侧进口部位进行倒角处理后，安装塑料帽。

我绘制了旋压加工的图纸，并安排进行了试制作。但是将图纸给厂家看后，厂家给出的答复是"我们无法进行这样的加工"。

在展览会上时，看厂家的演示觉得非常简单，觉得马上就能进行应用。我真后悔当时候没有再认真地看一看、问一问。

后来，我亲自到现场，一边回想展览会上的情形，一边用砂轮机来调整旋床的刮刀形状。让厂家将其拿回去后，马上接到了对方电话，厂家兴奋地告诉我终于制作成功了。

之后，这一圆形管件的旋压加工工艺被应用到了除插秧机以外的各种产品上。

①拖拉机中，操作杆上使用的管件边缘通过旋压加工制作成球面，与驾驶人员的手更加贴合，甚至还出现了手握部分不使用塑料的产品。

圆形钢管边缘部位

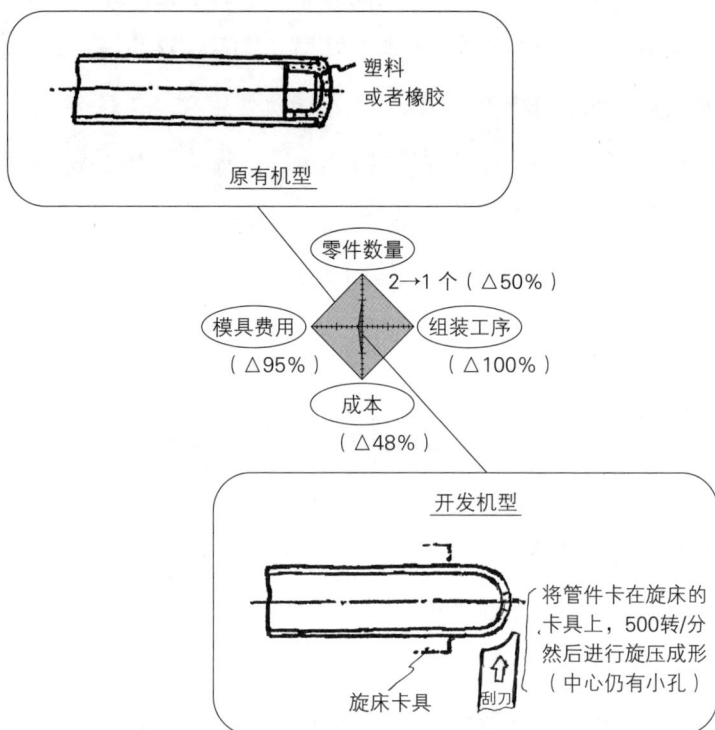

②延展性能优良的铜制或铝制管件，直径最大为100毫米左右的也可以很简单地进行旋压加工，并广泛应用到了热交换器的集中管件。

但是，这一加工方法并不是可以应用到所有管件中。对管件材质、管件直径、管件厚度、刮刀形状材质和硬度，以及旋床卡具部位的旋转次数都有一定的限制。

图中的开发产品的具体数据为，钢制管材（STKM）、直径25.4毫米、厚度2.3毫米。最终降低成本的结果为，削减零件数量50%、削减组装工序100%、削减模具费用95%，最终成本削减比例为48%。

第 7 章

成本开发与价值创造

旨在开发革新进行技术指导的过程

在本章之前的章节，我对产品开发实务中发生过的实例进行了阐述。

正如我再三强调的，其基本目标即"零件减半，成本减半"。通过减少原有商品的零件数量，达到成本减半的目的。这是我开发手法的要领，是我秉承成本非"制造"而是"创造"出来的信念，经过长年经验凝炼积累而成的。我现在作为顾问将该要点以技术指导的方式在各家公司予以推广。接下来，我就技术指导过程的要点，分条目总结如下。

①**选定主题机型／事先备好实物、组装图、零件图、成本表，以负责开发的部门为中心请对方选定参与者。**

②**了解主题机型概要／针对用户需求、用户评价、业界及市场定位、开发课题及目标等，听取开发相关人士的意见。**

③**加深对需研讨部分的理解／对产品单元及零件实物进行调查，把握其功能、性能、构造、零件形态等。不明之处或疑点要向开发人员咨询、加深理解。**

④**提出疑问，探寻不合理之处／随着对产品理解的深入，最后留下的就是无法理解的地方。为什么要采用这样的构造？为什么使用这样的零件？为什么进行这样的加工？通过向开发人员提出质疑，探寻这类疑点。而这些正是不合理的部分、应**

改善的地方。

⑤提出合理化方案／深入考虑可解决不合理部分的合理化方案。考虑构造如何合理化、零件的使用方式及加工方式，以及如何消灭浪费，这就是在考虑如何降低成本。以此为目标，提出方案。

⑥对每个课题提出 10 个方案／提出可解决不合理之处的 10 个左右的多角度的方案。反复推敲，直到实现"零件减半、成本减半"。

⑦讨论这 10 个方案并锁定一个方案／从 10 个方案中锁定最合适的一个，提交给开发人员，在听取他们意见的同时，修改细节，使方案更加客观。如果判断该方案不可行，则提出第二解决方案，继续交换意见，直到双方达成一致。

⑧根据意见一致的方案制作草图／在白纸上用红笔画出草图。为方便开发人员理解，画出采用横切面、斜投影图、俯瞰图等手法制作的构造图、组装图、分解图。产品虽各不相同，最理想的是草图尺寸就是实物大小。这样一来就可以同时考虑物理力量负荷的强度，然后进行判断了。

⑨向开发人员展示草图并丰富细节直到对方认可／听取参加人员的意见，修改不合适地方的同时展开讨论，直到双方都认可该草图为最佳良策。

⑩在雷达图上展示"零件减半、成本减半"情况／根据草图清点零件数，计算成本估算。在雷达图上将现有机型这几点

也列举上。参加人员就可以通过雷达图确认"零件减半、成本减半"。

根据产品情况，与开发人员交流的具体方法会有差异，但将共通的主干部分抽出来的话，就如以上我的总结了。

基本上，③到⑩的工作由我独立完成且主导开展。但是，这期间最为重要的是听取开发负责人的意见，对于我提出的方案，他们会不断提出质疑，直到最后带着自信说出："原来如此，这样是可行的！"在这个过程中，开发人员的心态是变化着的，对目标产品的想法也在不断变化。

对于参与进来的全体开发负责人来说，也是可以同时体验该过程的非常宝贵的学习机会。我认为从这一点来说，这个过程是让产品开发革新成为可能的最终极的手法。

话虽如此，如果将新产品问世比作到达目的地的话，此前的阶段仅是整段路程的 30%。

此时的开发负责人已对"如何做才能零件减半、成本减半"达到了"懂"的水平。

当然只是"懂"，并不等于"会"。剩下的路程还有 70%，必须由开发人员自身凭借双手去达成。

从这里迈进"会"这个阶段，就必须制作出更为细致的草图图纸（规划图及零件图）。画出来的话就终于可以达到"会"的阶段了，到这一步可以说完成度已达 60%。

剩下的 40% 是什么呢？根据图纸制作试用机或试用单元，反复进行测试及部分改良，然后推向市场就 OK 了。也就相当于结果"完成"之前的那段过程。

进行到这一步，当开发人员第一次将自己亲手创作的产品呈现给客户，看到客户满脸欣喜（感动）后，才开始确信公司的销售量会直线上升。

然后，当这一切成为实实在在的成果和成绩时，在此之前经历的"精工细作"的辛劳全都转化为喜悦和自豪，并且还会燃起自信与新的希望。

目标是削减 30% 以上变动费用

在我亲历的对每个开发现场进行技术指导的过程中，我都会在最初提出成本降低的一个目标概数。这是在任何开发现场都通用的，也是我在第 1 章就详细讲述过的 30% 以上的变动费用削减目标。

让我们来复习一下，所谓变动费用即零件的材料费用、加工费用、模具摊提费用、组装费用、物流费用等在制造产品时所花费的费用。

从开发工作开始负责的厂家，这笔费用产生的源头就是产品开发人员自己。为什么这么说呢？因为他们画出产品图纸，根据画出的图纸制作试用机，然后反复测试，之后才有了产品的量产，也就是在不断产生费用（成本）的同时将产品推向市场。

设计阶段的开发人员看不出各个零件的强度，或者不了解加工工序成本，这样，根据画出的图纸生产的产品本身就存在很多浪费。

实际上，零件与构造的强度不足并非很大的问题。试运行，反复测试后，自然而然就能显现，就能够马上给予应对。但是，包含多余强度的部分，在试运行的测试阶段是看不到的。

这是我在进行技术指导时遇到的第一课题。为此，即便是小课题，也要让全体成员亲眼验证，这是非常重要的。

根据开发人员的意识、做法、技能不同，产品的零件数、成本构造会有很大变化。所以我将基准定为削减 30% 以上的变动费用。

年销售量为 100 亿日元的厂家，以两年到三年间削减 20 亿日元（33%）左右的变动费用为目标。销售量更低的，比如 10 亿日元左右的厂家，目标就是一到两年间削减 2 亿日元左右变动费用。

如何界定该目标概数，见仁见智。但我提出的数值是有根据的。这来自于我在久保田时代所经手的拖拉机、插秧机、自动售货机等项目时实现成本降低的经验。

举个例子，拖拉机项目中，销售额 190 亿日元，从 9.69 亿日元的赤字起步，经过两年九个月后，销售量减少了 1%，但扭转为 8.98 亿日元的盈余。

插秧机再生项目中，销售量 159 亿日元，将 7.94 亿日元的赤字扭亏为盈，用三年半的时间实现了销售量降到 135 亿日元却获利 4.3 亿日元。

接着进行的就是自动售货机项目，销售量 175 亿日元，有 14.4 亿日元的亏损，三年后销售量直降 41% 之多，但成功扭亏为盈。原因是什么？是因为新机种开发中变动费用削减效果达 20 亿日元左右，然后就削减了固定费 14.5 亿日元，总共降低了 34.5 亿日元的成本。

回过头看看，这些项目结果都显示变动费用削减了 30% 以上。我之所以将开发中的成本降低目标数值定为削减变动费用30% 以上，也是源于此。

销售额暂时回落没有关系，这期间最重要的是在开发过程中大胆果断地推进成本降低工作。并且最终会实现开发目标，即售价降低 15%，品质提升 20%，待全新产品完工并投入市场后，其价廉优势会颇具竞争力，随着销售额的回暖，市场占有率也会节节攀升。

举个例子，在插秧机项目中，实现扭亏为盈的同时，市场份额也从 22% 大幅攀升到了 45%。这个结果得益于客户对产品性价比提升度的感觉达到 35%。只要为客户生产出了优质的产品，在产品被推向市场后，其销售额及市场占有率就会紧跟其后全面开花的。

如果能首先从力争削减 30% 变动费用的设计着手，无论身处哪个开发现场，其目标数值都不会高不可及，都是可以靠自己的力量够得着的、实实在在的课题。再加上零件的全球化购置，"成本最低化"实现得更为彻底，这样一来，变动费用削减幅度甚至可以达到 50% 之多。

综上所述，各个方面都证明了"创造成本，创造利润"是能够实现的。

开发负责人的指导决定成败

这里我想再次审视一下改变开发现场、活跃且灵活的开发负责人，也就是开发现场组长（PM）这个职位的工作的重要性。

我曾在久保田连续进行过使拖拉机、插秧机、自动售货机扭亏为盈的工作。这些事业重振项目交付到我手上之前，每一个都经过了前任从成本计算到利润率等各方面的彻底改善，但新产品开发计划仍然宣告失败。

但是，每一次改善工作中，实际操作项目开发的团队成员基本上都是同一拨人。更换的只有开发负责人。即便如此，结果也大相径庭。原因何在？关键就在这里。

往往越是大公司越会如此，经营者及事业部负责人大多只关心产出及新产品的销售情况等浮于表面的事实。

对于开发过程具体是怎样进行的，结果是好是坏，引起的原因是什么，开发负责人起了什么作用，又或者压根没有起作用等，他们完全不会深入到这些层面去检验验证。

于是，如果开发工作以失败告终，他们就会把原因归结于作为负责人的开发负责人办事不力，其他成员就成了远远围观的旁观群众。最终，到底哪里做得不好、应如何改善等开发上出现的问题都被稀里糊涂地掩盖过去了。

那么相反，开发成功的话，又是怎样一幅景象呢？

一旦成功，就可以说这是由包含合作部门在内的、开发负责人以下所有成员齐心协力促成的成果，开发现场全体人员会被这种草率的目标达成的充实感及平等意识所笼罩，而完全不会去理会是什么引导团队走向成功，什么阶段又是谁做出了怎样的贡献等，完全没有此类讨论或分析，就这样在各种夸赞中画上句号。

开发负责人亦是领导亦是队友

这之前我所阐述的开发现场中，几乎没有注意过开发负责人应具备何种技能和智慧，应如何发挥团队精神。几乎都沿袭了前任的管理方式和老习惯，结果开发人员也完全不对现有的开发方式产生疑问就投入到新开发目标的工作中去。

这样一来，接下来是不会顺利的。极端地说，现在的状态就是不管开发负责人换成谁，基本上不会对工作产生什么影响。

新产品开发一开始，所要实现的目标品质（Q）、成本（C）、日程（D）都要写入企划书，在经过领导层认可之后方可实施，而一旦被上司问到"那么，开发方式是怎样的？"基本上等同于没有确定方案。开发现场的工作一直都在沿袭已有的惯性的做法或氛围。这一切都归结于开发负责人的决定。

即使什么都不做，从表面上，开发人员也应该会沿袭一直以来的意识、做法、技能来开展工作。相反，提高目标、鼓舞开发人员的士气、做好激励员工的角色也并非不可能。

但是，为了实现以扭亏为盈为目的的较高目标，带领大家推动团队精神，提高开发人员的意识、做法、技能非常重要。另外，最为重要的是具备可胜任工作岗位的技能和知识并付诸实践，再将这些要点传授给他人。

这是因为，为了开发出如扭亏为盈再建项目那样有冲击力的新产品，开发人员自身必须具备可胜任这个工作的技能和智慧。如果具备的能力超越实现开发目标的能力，可以说开发就成功了。

每当我想起，自己进行再建项目时事业部的开发成员们与前任在任时是同样的面孔，我脑海中就浮现出职业棒球队乐天Eagles 的前教练野村克说过的话"能让团队变强大的才是真正的教练"。野村教练对弱小团队采取 ID 棒球战略（注：即对投手、打者的投球、打击进行数据分析后布置人员和战术），做到了真正意义上的意识改革。然后在比赛临近时，向团队传送缜密的布局和用兵战略。

我想，开发负责人同样也要起到这样的作用。

再补充一点，对于那些无法听指令画出图纸、完全不前进的下属，不能只用语言去说服，需要的是作为一个队员自己能够将图纸画给对方看的技能。从这个意义上来说，与其说开发负责人只是教练，不如说他应该亦是领导亦是队友。

成本降低即价值创造

本书提到的成本降低的方法论即"零件减半、成本减半设计"，并非只以降低成本为目的。

比方说，一种机器的某单元由 1000 个零件组成，其组装工作需要两名员工花八个小时完成。

而通过设计将该现象从根本上彻底改变。改善后，每个零件都被多功能化，500 个零件就能组装成同一单元。不用说削减掉作为固定使用的螺丝和螺母等起到连接作用的零件数量，由于每个零件的功能增多，零件数本身就减半了，仅靠一名员工就能把这部分组装完毕。

也就是说，通过零件数减半，组装费自不必说，包括零件加工费在内，零件所花费的成本实现减半也是可能的。

当然，新单元无论在功能上还是性能上都必须超越之前的情况。如果零件顺利实现减半，品质偏差也必然会减少。这里也正是充分展示开发人员出色运用技术和知识的地方。

这也就是"零件减半、成本减半设计"的意义所在。

这里我还想强调的一点是，多出来的那名员工可以同时去组装另一台机器单元，或者组装其他产品。零件的加工方面，同样也能够实现从业人数减少。

这样一来，能够做到"零件减半、成本减半"的话，组装效率相较以往的成本来说也是成倍增加。进而，产品的生产及供应也都实现了成本减半。

如此从产生新的劳动力层面来看，产品开发中的成本降低也可以说是在创造价值。

但是，对于长期处于不景气状况、看不到出路的制造业来说，成本降低给人的印象就如同苦修苦行一般吧。

拿刚才提到的机器单元为例，零件及组装、加工工序不变，将这些工作都交给一名员工操作，也就是劳动强化。或者为了遏制零件成本，压低材料采购费用。

我认为像这样武断地削减劳务费及材料费的做法是在强行降低成本。

我也曾长期置身于开发现场，仔细地观察过工厂的生产场景，所以我能理解有些情况下不得不出此下策。

但是，成本降低说到底并非是削减无用之处。如今有不少生产场所的现实情况是以降低成本为名，连必要的部分都一概削除，或者认为必须削除。

彻底追求产品的"必要性"

我在产品开发方面经历过的成本降低，虽然是一个词，但却产生于完全不同的想法。

如果能彻底地削除无用之处，就能练就一副好眼力，不仅是产品表面，连浪费也逃不过。并且，对产生浪费是源自产品设计的哪个部分也会了如指掌。

一直以来都是对工厂的生产现场的工作程序进行改善，而不是针对产品本身。为此，经常会有专业顾问在现场进行指导工作，在汽车厂家、家电厂家等大企业的工厂中几乎都有这样的专家指点江山，以求降低成本。

我们再把刚才提到的机器单元的例子拿来说明一下。

这里对1000个零件组成的产品规格、组装及加工方法等一概不讨论。暂时先把它们看作是"必要"前提，重新审视整个生产线、员工、零件配置，为创造一个最具性价比的生产现场而进行改善。

由此，工作人员的动作路线、零件的配置、生产线的长短都替换成最合适的状态，通过提高效率，彻底地削减人员及电力相关费用。

这样每一单元都得以改善，积少成多，从整个现场看，就是节省了几百万、几千万日元的成本。

经过半个月到一个月就能看到效果。从这个意义上来说，确实是立竿见影的有效手段。

而我曾进行过的成本降低，是追溯到了产品最根本的设计环节，所以确实很费时。重新设计、试行、反复进行试验及耐性测试后才能投产，最少需要一两年，有的甚至需要三年。

但结果是，零件从1000减到500，两名员工减到一名，单元内的零件数量及焊接长短也实现了减半，在产品整体革新之际，该机器的生产现场总计可降低几亿日元的成本。这可以说是从根本上改变产品本来"必要"的部分，用全新的、最为合适的"必要"形式创造产品，在此影响下实现的成本降低。

并且，产品成本的削减及新增品质（包含性能、功能）的提升可以同时实现，又增加了产品的竞争力，项目素质也得以强化。

希望经营者能够明白

在长期不景气的状态下，仅靠提高销售量增加利润的方式难度很大。更应该做的是竭尽全力降低成本。可以说，不景气也许才是机会来临的时候。众所周知，松下幸之助曾说过，"不景气，然后变好"，就是把不景气当作彻底审视浪费、提高经营素质的机会。

企业公布决算的时候，如果业绩差，经营者时常会拿大环境不景气作为说辞。这里面确实有无可奈何的因素。但相反，在形势一片大好的环境下实现业绩增长的时候，就鲜少听到经营者会提及经济形势好之类的话了。

像这样的不景气对于经营者来说，大多只是被看作逆风般的存在。

我去企业做演讲和技术指导时特别想向经营者传递的信息是，那个时刻应以怎样的思维去努力降低成本。

我用实际的产品向现场的开发人员详尽地传达我在"零件减半、成本减半设计"上的经验智慧。当面向经营人员时，除了以上部分，我还会努力让他们明白，为何现在要进行"零件减半、成本减半经营"，也就是让他们理解最根本的方法。

如果不认真传达这一点，有可能就只剩下"零件减半、成本减半"＝经费减半了。

如前面所述，从根本上改变产品本来"必要"的部分，用全新的、最为合适的"必要"形式创造产品、进行开发，结果就会实现"零件减半、成本减半"的成本降低。

我说过很多次，在久保田时代接触过的很多产品，以及在其他企业开发现场接触过的产品，无论哪一种，几乎都实现了"零件减半、成本减半设计"的成本降低。还有的产品成本降低得更多。

积累丰富经验的结果是，我确信只要对所有产品都用这样的成本降低方法进行开发，现有产品就能够实现"零件减半、成本减半设计"。

这就是我想向经营者们特别强调的地方。

第 8 章

专利与开发人员的积极性

创意是开发的原动力

开发人员树立较高的开发目标后，为了实现这个目标，就需要提出挑战及解决新课题的创意。而这个创意在实际产品中以技术形式实现之后就成了专利。

对新产品进行宣传的时候，向客户说明时很少会说"该产品获得了多少项新专利"。但是，可以说实际上产品的所有销售亮点几乎都是专利的集合体。

在这个意义上来说，想得出那些集结在专利上的创意的能力必定是产品开发最大的动力。当然这一点会因开发负责人不同而存在差距。我认为"通过教育，一人之力能变二十人之力"，但是否具备创意能力会将开发人员之间的距离拉大。

从组长的立场来讲，只要把工作交给出点子的人就好了，但如果交给的是一个想不出办法的人，也许看到的只是时光匆匆如流水了。他本人也会因努力却不出成绩而焦虑，以至于失去对工作的积极性。

为了避免这种情况的发生，我在理解开发人员能力的基础上，以增加两成为目标，交付给开发人员的工作难度设定为再努力一把就能实现的程度。在交付工作之后，每三天确认一次进展状况，提出解决课题的建议，进行充分交流。

从作为开发人员的我个人的经验来说，为了提出创意，最为重要的就是坚持。所谓成功的点子本不会轻易诞生，对于这一点要做到心中有数、常记心间，要在各种情况下从各种角度去考虑问题。

然后，对于原本满是难点的开发课题，突然有一天解决问题的头绪就会开始显现。而在此之前从未想到过的创意也会闪耀光芒。

这一切很突然，但并非偶然。一遍又一遍在脑海里翻滚积累的信息指引了这一瞬间的发生。伟大的创意只留给孜孜不倦追求的人。

像这样产生创意的过程正是开发人员的乐趣所在，也是产品开发的巨大推动力。

在形成专利之前，开发人员反复试验不断摸索，当产品以全面改良面孔示人时，团队就会公布出专利、实用新案例及包含独具匠心的构思在内的预计申报专利数。打个比方说，拖拉机和插秧机，每个系列的每台机器，其目标设置就是200件。

全面改良机的开发是将新产品观念从最基础开始一直进行到具体的生产阶段。集结于专利的创意是开发的原动力，由此产生的专利则是产品的基础。

忘我开发以致忘记提出专利申请

拿我实际操刀过的开发工作实例来说，例如小型拖拉机（X24）共申请发明专利 34 件，实用新型专利 145 件，外观设计专利 4 件，共计 183 件；插秧机（JC4）发明专利 113 件，实用新型专利 118 件，外观设计专利 4 件，共计 235 件（我们开发人员将发明专利、实用新型专利、外观设计专利、商标统称为专利）。

产品投入国际化市场时，作为国际性专利战略的一个环节，不光是日本国内专利，还必须获得国际专利。国际专利需向销售产品的每个国家进行申请，耗钱又耗时。所以之前要对为此花费的成本与所得利润是否相抵进行估算，弄清楚后再提出专利申请。

40 年前，我在执行 B6000 机型四轮驱动拖拉机开发项目时，可是吃尽了苦头，由此才"成本意识觉醒了"，这个事例在第 1 章已有阐述。放眼望去，当时的全球市场上，四轮驱动有美国开发的 150 马力的超大型机械，而发售该四轮驱动拖拉机小型机种之后的两年，促成我"专利意识觉醒"的意料之外的"事件"发生了。

当时在日本的农家，耕地机械全都是步行式插秧机。拖拉机有一部分农家在使用，但机型是只有后轮由发动机驱动的非常笨重的两轮驱动机型，一到水田或湿地就容易陷进泥土，所以这也是驾驶式拖拉机未普及的原因之一。

但是我们所开发的包括前轮也是驱动型的四轮驱动拖拉机，能够发挥其四轮驱动的威力，在软塌的水田也可纵横驰骋，因此销售量暴涨。

另外，B6000型拖拉机，每分钟旋转2700转，搭载有11马力的双排气筒立式水冷四冲程柴油机（577cc），总重量为460千克，耕地幅度950毫米，售价370万日元。年产量达到6万台。

世上史无前例的小型四轮驱动拖拉机，特别是在包括中间农业带和山间农业带在内的日本特有的狭长农田上，有着出色的表现，被誉为一举加速拖拉机乘坐式变革潮的名牌机械。

所以该机种一投入市场就成了其他竞争对手的眼中钉。而"事件"就是源此而生。

事情发生在发售两年之后。I公司毫无征兆地发售了一款几乎一模一样的产品。虽然外观上多少有点差异，但经过拆解、调查发现，他们完全抄袭了包括我们付出最大心血的变速箱在内的传动系统，内部几乎完全一样。

B6000型拖拉机的开发亮点，一个是四轮驱动，还有就是如何减轻机体构造。

为此，我们弃用了一直以来多用在拖拉机上的铁质铸造材料（比重6：3），采用了铝合金压铸件（比重2：7）或锻压后的新型轻量材料。变速箱及油压缸筒等主要零件，经过反复测试，通过压铸锻造将基本厚度做到了仅 3.5 毫米。

尤其是承受着巨大负荷的油压缸筒，也是经历了多次试运行和耐久性测试，一旦有破损时就追加加强筋，最终获得了成功。可以说这里面饱含了我们太多的心血和汗水。

就这样，我们成功地大幅减轻了拖拉机的机体重量，水田行驶功能也得到了大幅提升。

没想到 I 公司的产品，连我们的加强筋都完全抄袭了。我们惊讶之余，对其作为一个生产厂家应有的见识和开发人员的道德非常质疑。

但是，I 公司以新机种的身份将抄袭品在固定客户群里很顺利地推销了出去。

为了阻止他们，公司本部的经营负责人都发出了号令："抓紧时间，务必调查出该机种是否有对我们专利的侵权行为！"

我们马上动手拆解、展示，开始了详尽的调查。但是，无论怎么调查，即使构造哪儿都一模一样，看上去就是同一款产品，还是没有发现一处专利侵权行为。

这到底是为什么呢？因为那个时候的我们，只是一门心思地投入到产品开发当中，产品完成后一项专利都没有申请。对于这件事太过糊涂，现在看来简直就是笑话，但当时我们这些开发人员确实对专利这个东西太不熟悉。

不管怎么样，经历过这个"事件"之后，我的专利意识才觉醒了。在那之后，只要是跟自己有关的开发主题，我都要比其他人更为彻底地进行专利管理工作。

　　之后过了很多年，各家农机公司的相似机型纷纷登场，四轮驱动盛世全面开始。虽然这一切奠定了目前拖拉机农业的基础，但在这盛世开幕时分发生的"事件"对我来说，却是促使我重视专利的起点。

取得专利和保护专利都是开发人员的工作

我们成功地将开发出来的四轮驱动拖拉机推向了全球市场，但开发时的机种里还有很多应改善的地方。其中一个就是，内藏有差动系统（差动装置）的大块凸起，在机体前车轴缸体部分及自动倾泻卡车的后车轴缸体部分都可见。

是否安装有这个大块凸起，操作性会有很大出入。有凸起的话，在进行深耕作业及跨越作物或垄沟时，凸起部分肯定会伤到作物，堆起的土堆又会阻碍行进。如果没有凸起，拖拉机前车轴缸体部分就会距离地面更高，就能够保证行走无阻。1987 年新概念机型"前车轴直管式四轮驱动拖拉机"（参照第 6 章 3、4 实例）的发售，这个凸起终于被去除了。这一专利在多年以后，得到了发明协会的表彰，成为划时代的发明。

通过对前轮车胎的根部齿轮（最终减速用螺旋伞齿轮）进行的新型技术处理，减速比为 1∶5，比一直以来的差动装置齿轮的转数提高了 2.5 倍，轴部扭矩减少 60%，差动装置齿轮直径大幅缩小之后，"前车轴直管式四轮驱动拖拉机"才得以实现。

但是，虽然取得了专利，这项技术的实施权却因故转让给了其他公司。为此，没过多久，几乎日本全部的四轮驱动拖拉机机体都变成了前车轴缸体部分没有凸起的。"前车轴直管式四轮驱动拖拉机"成为常见款式。

接着这项技术跨越国境开始了广泛传播。2009 年在法国举办的 SIMA（国际农业博览会）上，参加者带回的展品目录及资料图片上，就发现了多个与日本拖拉机极为相近的、没有凸起的前车轴缸体构造。

这个现象证明了，最优先考虑客户需求并赋予产品功能的新创意在全世界都是通用的。而创意也就是面向全球市场，先于他人进行的"精工细作"。

专利，也许可以解释为创意及创造出它的开发人员走遍全世界各个角落都可通用的一张名片。

刚才所介绍过的"事件"，讲的是由于我们没有申请专利而引发竞争对象公司出现抄袭品的故事，但即使申请了专利，也绝不会安然无恙。

特别是与海外企业形成竞争关系的时候，由于国度不同，其"精工细作"的传统、文化或经济、民生的成熟度都不同，对待专利等知识产权之类的方式也自然会发生变化。

下面要讲的也是在久保田时代发生的故事。公司本部的专利管理部门与我联系，说发现了有疑点的拖拉机机种，希望听听我对专利内容及开发过程的详细描述。

我查阅了一下问题拖拉机的产品目录，只凭外观就可以确认那是我们开发的拖拉机的仿品了。

该款拖拉机从冲绳、种子岛，也就是几乎日本的南部海岛开始，一点点地进行销售。公司本部决定要尽快出手阻止它登陆。

但在收集消息的过程中，发现对于这款拖拉机在日本的上市，JA 全农承担着进口销售的任务。

后来，JA 全农以"引进测试显示，积极推动进口及国内供应较为困难"为由，撤销了进口销售的决定。

虽然我们的担忧暂时消除了，但为了杜绝他们通过其他代理店进口过来，久保田向该公司提出禁止生产并销售该款机型的要求，2006 年 9 月在该进口国提出了法律诉讼。

所谓专利，无论对生产厂家还是对开发人员来说，都是自己开发出的技术的权利证明。但是，对专利的保护，不是靠什么人，而是要靠自己的双手去保护。此刻的经验谈正是彼时的事件教会我的。

专利属于谁

以上简单地把促使我专利意识觉醒的"事件"及专利受侵案介绍了一下，其实我很觉羞愧，无论是取得专利还是保护专利，在此之前，我都认为，相较个人，专利更是属于所属公司的东西。

但是，专利到底属于谁，有这么一件事的发生促使我重新思考这个问题。

那就是 2004 年 1 月 30 日东京法院就中村修二职务发明诉讼案的判决。中村修二曾是加利福尼亚大学圣巴巴拉分校教授，1993 年他就职于日亚化学工业期间，成功地开发了蓝色发光二极管，该发明为该企业带来了巨额利润，但相比之下，身为发明者的中村得到的回报却极少，他深感不公，一纸诉讼书将日亚化学工业告上了法庭。

宣判当日，东京地方法院判决企业向中村修二 404 项专利支付的等价补偿费用高达 200 亿日元。这是在日本史无前例的巨额发明补偿。日亚化学马上提出了上诉。然后在 2005 年 1 月，在东京高级法院进行了二审，以支付 8.4 亿日元和解的结果为此案画上了句号。

这个事件在商界，尤其是在高科技企业中引起一片哗然。包括经济界相关人士在内，媒体界也是议论纷纷。在那之后，我印象中还发生过几起类似案件。

个体发明家姑且不论，所谓的在企业就职期间通过职务发明取得的专利，到底属于公司，还是属于个人？这个问题并不好回答。

虽然与世纪大发明的蓝色发光二极管相比，无法望其项背，但我在久保田四十余年参与过的产品开发中，作为职务发明也取得发明专利103项，实用新型专利132项，外观设计专利12项，共计247项专利。

专利法条文中是这样表述的，公司为"使用方"，参与职务发明的从业人员为"从业者"，而对于长期身处开发现场的我来说，想要强调的是，诞生专利的还是"从业者"。

但是，职务发明并不能直接产生利润。通过同事、下属的协助，利用开发现场的设备、企业的资金等，在通力合作下才能最终将产品推向市场，又或者通过权利转让，买卖才能获取利益。

话虽这么说，但这并不是像先有鸡还是先有蛋一样，应该讨论"使用方"先还是"从业者"先的问题。基于某个想法诞生技术，然后成为专利，从这个方面考虑的话，最先想出点子的人，也就是"从业者"才应该具备优先权。

我认为这是讨论的前提。

实际上，不光是久保田，日本几乎所有生产厂家中，开发人员在进行专利申请手续时，应该都会签署所有权转让公司的契约书。

与此对应的法律补偿制度有三种，即奖励专利申请的"申请补偿"，在专利局作为权利进行登记时的"登记补偿"，然后就是最重要的，公司通过该权利获利后的"实绩补偿"。申请专利的开发人员，会得到各自企业通过公式计算出来的以上三笔的补偿费用，作为职务发明的等价补偿。

如果发明者由多人构成，近几年的专利申请中还会明确每人的贡献比例，比如A50%，B30%，C20%。

在这个制度下，虽然也算有了补偿，但实际到手的金额非常少。包括我在内，几乎没有一个开发人员会认为保持现状就好。

中村修二的诉讼案中的金额差别之大，让我等备感不真实。但我认为，中村通过起诉提出的问题是有充分根据的。

回过头来看看，我这一代开发人员都是把自己作为公司一员，只考虑付出做贡献，而把个人业绩放在一边。那些比我年长的前辈们更是如此。

当自己在工作中有所建树，公司就会相应地通过工资奖金、升迁等将其反映出来。我们对此深信不疑，每天坚持努力奋进。

而这一切是以我们常说的形势大好的经济高度增长时期企业实施的终身雇佣制为背景的。但正如很多评论家指出的一样，这样的形势正在分崩离析。

如果是这样，职务发明及专利应有的权利关系也应与时俱进，是否应转变为：在合理评判该发明为企业获利做出的贡献价值后，向开发人员支付等价补偿。

与老前辈重逢

具体来说应更改为怎样的制度，我们并没有讨论它的远见卓识，不过就该问题，久保田时代的一位老前辈向我提出了建议。老前辈名岛本隆次，是昭和三十九年（1964 年）在我进入久保田（当时还叫久保田铁工）后被分配到的研究本部插秧机技术部的部长。

我对这位老前辈提出的宝贵建议非常支持，在阐述他的观点之前，我先简单介绍一下岛本先生。

岛本先生生于 1917 年（大正六年）。在太平洋战争开始的 1941 年（昭和十六年），从东大工学系毕业。在大学里进入造兵学系学习精密机械专业。毕业后成为海军技术将校，从事舰炮的机体研究开发。

然后在战败后的 1947 年，他进入了久保田铁工。那之后，在岛本先生的带领下，开发出了翻地机、拖拉机、联合收割机、插秧机、建筑用机械等成为现代久保田主干线的产品。

1965 年岛本先生成功开发出了世界首例收割扎束机（米麦自动收割扎束机）。这款划时代的产品，能够将倒下的稻谷铲起收割扎束，极大地推动了当时稻米收割工作的效率。

虽然跟岛本先生熟络起来是很久之后的事了，但自我进入公司之后，在岛本先生的团队精神影响下学到了很多。

岛本先生，凭借在新项目开发上的战绩荣任董事长职位，之后又历任了常务董事长、专务董事长之职。1976 年斩获科学技术厅长官技术奖及大阪发明大奖。1984 年荣获紫绶勋章。

如上，岛本先生作为企业人、技师不但留下了赫赫战功，更在退任董事长职位担任常任顾问的 1985 年，将此前在久保田取得的成绩汇集成册，也就是他的集大成之作《新项目开发箴言（亲历而来的创造管理）》（日刊工业新闻社刊）。

对于岛本先生在这本书中的观点，如今再次拜读仍觉耳目一新。

岛本先生从长年带领开发部门全体成员积累的经验出发，对一些问题进行了彻底深入的考虑，例如为实现可产生新附加值的、高创造性的开发，组织机构应有的状态是什么，开发人员们应进行什么交流等。副标题"亲历而来的创造管理"说的就是这个意思。

然后结论就是，他主张应根据市场的评价和未来走势，将开发项目整体分为创造管理（创造活动的管理）、固定管理（既有项目的管理）和终结管理（项目的结束管理），分别运用不同的理念进行指导、管理。我从个人经验出发主张的"开发即工作的创造性"这一观点，其实岛本先生早在很久前就率先提出了。

写在论文中的肺腑之言

实际上在最初决意执笔著书的时候，我很犹豫，不知道该把自己在业务上的知识公开到什么程度，而那个时候，岛本先生给予我的指点直冲内心。

"亲手进行改革、革新的开发方法都是个人信息。要充满自信，抱着赌上身家性命的心态将它问世。"

这句话大大地鼓舞了我的士气。

然后就在 2008 年，前一本著作终得付梓，我第一时间将其呈给岛本先生。已是 92 岁高龄，因身体欠佳入院疗养中的前辈，很快给了我盛情的回复。我立刻动身前往拜访并探望了他。

久别重逢，让我吃惊的是，岛本先生虽已卧床不起但交谈起来仍十分明朗豁达。

而更让我吃惊的是，他竟然把笔记本电脑带到了病床上坚持写作论文。用 A4 纸打印的 60 页论文寄到我手上的时候，是我去探望先生不久之后。

这篇论文以由新井满译词并作曲、由秋川雅史完美高音演绎的《化作千风》的英语原版诗词及译文为开篇。

他面对自己 92 岁的高龄和即将到来的离世，用《化作千风》这首歌表述了逝者对生者的赠言，岛本先生将经历了激荡历史

的日本社会和自己所走过的路合为一体，针对这个国家今后应
如何前行，为我们留下了震撼人心的肺腑之言。

创造可调动开发人员积极性的职场环境

完成这篇高水平论文后又过了一年零两个月，2009 年 9 月 23 日岛本先生在医院静静地停止了呼吸。享年 93 岁。

两周前，我还接到了在病床上的岛本先生每隔几天打来的电话。电话里面，岛本先生与我一直热诚讨论的是与论文篇幅相当的、从论文中提炼出来继续著述的日本"精工细作"的未来和对生产企业所开展的开发研究的建言。特别是他极力主张研究人员及开发人员提出的"提高专利权等价补偿"的问题应依法重新考虑。

每当想起这些，我都不由得深深感叹。这是岛本先生在生涯最后时刻嘱托后辈之一的我的临别遗言。我决意要以自己的方式将接力棒传递下去，下面我来介绍一下岛本先生论文的论点。

岛本先生考虑问题的时候，经常会以他眼中的且被重新审视的历史开始。

比如说，一直以来被认为促使战后日本经济得以惊人复苏的，是战败后第五年发生的因朝鲜战争带来的"特需景气"，但岛本先生认为，那不过是兵器零件及战争用零件的急需而带来的一时的繁荣，实际上成为经济复苏原动力的，是日本的技术人员们"创造开发"的与战争毫无关系的民用品。

作为被称作第二产业革命的"创造开发"的例子，岛本先生所列举的是索尼、松下电器（现在的 Panasonic）、夏普、本田、丰田等不久之后确立了世界品牌地位的家电或汽车生产企业。

井深大、盛田昭夫、松下幸之助、早川德次、本田宗一郎及丰田喜一郎，由这些精英创业者或经营者率领企业生产出独一无二且优质卓越的产品，席卷了全球市场。这里岛本先生所关注的，是他们身为经营者的同时还率领了"创造开发"负责人这一点。

这些企业崭露头角的过程，也正是日本经济复苏迈向高度经济增长阶段，产业界中不断出现大型企业的那段时期。

岛本先生说，由此经营者与劳动者分化加速，战后的经营学将"创造开发"从既有劳动中去除掉了，并且没有对新型经济发展范畴进行准确定位。留下的后遗症就表现在，职务发明或专利的等价补偿难得评判。

专利法规定，"使用方"要对作为"从业者"的发明人付出的"99% 的努力及 1% 的灵感"表示敬意，并支付合理补偿。"使用方"如未能与"从业者"成功签约，该专利则无法使用，以此来保障发明人权益的时代已经到来。这就是岛本先生的观点。

那么对此应如何进行实际的推断，岛本先生也参照了其他知识产权的现状。

比如说个人著作权期限是作者去世后 50 年，集团著作权期限是发表后 50 年。而相对的，专利权的保护期限则为 20 年，时限大幅缩短。

然后就是问题点的等价补偿。著作权方面，如果是书的话，惯例是以售价为标准支付 5%~10% 的版税。而对于职务发明的专利，如之前举例所说的，只会给一点点补偿款。

为何相当于著作权惯例的版税的等价补偿在专利中毫无踪影呢？岛本先生说怎么考虑都觉得不合理。

然后他提出了试行方案，以使用了该专利的产品利润（售价 × 数字 %）为基准，与版税率（5%~10%）又或者拾金不昧酬金（拾到物品价格 ×5%~20%）进行比较考量后得出，确定为售价的 0.5~0.6 比较合理。

一个小小数字就可以引起各种讨论。但目前最重要的是如何朝着试行这个方向前进。

为了让开发人员不再依赖于终身雇佣制，创造一个新时代的职场环境以提高积极性去进行责任与等价补偿结合的产品开发，是十分必要的。

结语

前作《成本下降、质量提高》付梓是在 2008 年 11 月，正值雷曼冲击，世界经济处于"百年一遇"的激烈动荡期。

等到大家认为重创终于得以恢复的 2010 年，日本又遭受了强逆风袭击，也就是如今仍剧烈上涨的日元升值。

被经验丰富的经济界人士评价为"已过度"的日元升值，在政府和日银的介入下也未见成效，呈现出的状态是在今后很长时间内会保持现状。

以严谨的世界战略为基础开拓海外市场的企业，也有经营者认为日元升值是收购企业的绝佳时机，但这不过是事态的一个侧面而已。

引领日本经济的顶尖企业，由于少子化和老龄化引发的内需缩减，开始依靠海外出口打开活路。不可否认的事实是，现在日元升值对于这类企业在世界市场上的竞争力来说是巨大阻碍。特别是造成这些生产企业巨大的利润缩水。每上涨一日元，利润就会减少几亿日元。不仅仅是生产企业，下面的零件承包制造商等支撑了日本制造业的中小企业的情况更为严峻。

日本制造业的未来走向到底会是怎样。虽然对此的讨论很多，但生产据点的海外转移也就是产业的空洞化这类危机，更是赤裸裸的现实吧。

带着这个想法，我奔走于各地开发现场。我能做到的就是将前作中提出的成本降低的方法更为具体地，以让读者能立刻付诸实践的形式进行全新指导。经历了两年时间，在反复测试修改后本书终于完作。

本书所讲的，并不是作为起死回生手段的成本降低，而是从根本上改变产品开发性质的"零件减半"。不是短期的削减经费的成本降低，而是为突破日元升值不景气状况进行的最终手段的"零件减半"。我的打算就是将这类技术知识通过观察产品开发现场挖掘出来，然后彻底详尽地写出来。

因此，也许有些地方写得很琐碎。但是，对制造业的经营者、产品开发的负责人，最重要的对日复一日面对图纸摸索新产品蓝图的开发人员，我坚信我一定能够将想要表达的成本降低的精髓传达给他们。

在此，谨向日本经济新闻出版社小林俊太董事长对前作及现作给予的宝贵建议和鼓励，致以诚挚的谢意。

东方出版社助力中国制造业升级

定价: 28.00 元

定价: 32.00 元

定价: 32.00 元

定价: 32.00 元

定价: 32.00 元

定价: 32.00 元

定价: 30.00 元

定价: 30.00 元

定价: 32.00 元

定价: 28.00 元

定价：28.00 元

定价：36.00 元

定价：30.00 元

定价：32.00 元

定价：32.00 元

定价：32.00 元

定价：38.00 元

定价：26.00 元

定价：36.00 元

定价：22.00 元

定价: 32.00 元

定价: 36.00 元

定价: 36.00 元

定价: 36.00 元

定价: 38.00 元

定价: 28.00 元

定价: 38.00 元

定价: 36.00 元

定价: 38.00 元

定价: 36.00 元

定价：36.00 元

定价：46.00 元

定价：38.00 元

定价：42.00 元

定价：49.80 元

定价：38.00 元

定价：38.00 元

定价：38.00 元

定价：45.00 元

定价：52.00 元

定价: 42.00 元

定价: 42.00 元

定价: 48.00 元

定价: 58.00 元

定价: 48.00 元

定价: 58.00 元

图书在版编目（CIP）数据

零件减半 / (日) 三木博幸 著；刘晓燕 译. — 北京：东方出版社，2017.6
（精益制造；045）
ISBN 978-7-5060-9792-5

Ⅰ.①零… Ⅱ.①三… ②刘… Ⅲ.①制造工业—工业企业管理 Ⅳ.①F407.406

中国版本图书馆CIP数据核字（2017）第131313号

Buhin hangen–korenara dekiru "kyukyoku no kosuto kakumei"
by Hiroyuki Miki
Copyright © 2011 Hiroyuki Miki
Simplified Chinese translation copyright © 2015 Oriental Press,
All rights reserved
Original Japanese language edition published by Nikkei Publishing Inc.
Simplified Chinese translation rights arranged with Nikkei Publishing Inc.
through Beijing Hanhe Culture Communication Co., Ltd.

本书中文简体字版权由北京汉和文化传播有限公司代理
中文简体字版专有权属东方出版社
著作权合同登记号 图字：01-2015-4964号

精益制造045：零件减半
（JINGYI ZHIZAO 045:LINGJIAN JIANBAN）

作　　者：〔日〕三木博幸
译　　者：刘晓燕
责任编辑：高琛倩
出　　版：东方出版社
发　　行：人民东方出版传媒有限公司
地　　址：北京市东城区朝阳门内大街166号
邮　　编：100010
印　　刷：北京明恒达印务有限公司
版　　次：2017年8月第1版
印　　次：2024年5月第3次印刷
开　　本：880毫米×1230毫米 1/32
印　　张：8.625
字　　数：164千字
书　　号：ISBN 978-7-5060-9792-5
定　　价：48.00元
发行电话：（010）85924663　85924644　85924641